OS CÃES QUE ME SALVARAM

Niall Harbison
OS CÃES QUE ME SALVARAM

A história do homem que fez do resgate
de animais o propósito de sua vida

Tradução de
Renato Marques

Publicado originalmente na Grã Bretanha no formato de ebook pela HarperCollinsPublishers sob o título *Hope: How Street Dogs Taught Me the Meaning of Life*.
Copyright © Niall Harbison, 2023

Copyright da tradução © Editora Intrínseca, 2025, traduzido mediante acordo com HarperCollinsPublishers Ltd.

Niall Harbison garante o direito moral de ser reconhecido como autor desta obra.

TÍTULO ORIGINAL
Hope: How Street Dogs Taught Me the Meaning of Life

PREPARAÇÃO
Cláudia Mello Belhassof

REVISÃO
Amanda Werneck
Rodrigo Dutra

DIAGRAMAÇÃO
Mayara Kelly

DESIGN DE CAPA
Bloco Gráfico

CIP-BRASIL. CATALOGAÇÃO NA PUBLICAÇÃO
SINDICATO NACIONAL DOS EDITORES DE LIVROS, RJ

H234c

    Harbison, Niall
        Os cães que me salvaram : a história do homem que fez do resgate de animais o propósito de sua vida / Niall Harbison ; tradução Renato Marques. - 1. ed. - Rio de Janeiro : Intrínseca, 2025.
        224 p. ; 21 cm.

    Tradução de: Hope : How street dogs taught me the meaning of life
    ISBN 9788551014004

    1. Harbison, Niall. 2. Resgate de animais - Tailândia - Biografia. I. Marques, Renato. II. Título.

24-95652   CDD: 636.0832092
                           CDU: 929:351.765

Gabriela Faray Ferreira Lopes - Bibliotecária - CRB-7/6643

[2025]
Todos os direitos desta edição reservados à
EDITORA INTRÍNSECA LTDA.
Av. das Américas, 500, bloco 12, sala 303
22640-904 – Barra da Tijuca
Rio de Janeiro – RJ
Tel./Fax: (21) 3206-7400
www.intrinseca.com.br

Para minha mãe e meu pai, minha irmã e meus irmãos, meus avós, demais parentes e um punhado de amigos próximos, a quem causei preocupações infinitas por causa dos meus vícios e que agora quase não me veem, pois estou salvando cachorros 24 horas por dia, sete dias por semana.

Eu sou quem eu sou por causa de vocês, e espero que agora as minhas ações deixem todos orgulhosos. Este livro é para vocês.

SUMÁRIO

Prólogo   9

1. Quando eu era um menino... e um adolescente problemático   15

2. Trabalhar na cozinha: a receita do desastre para um alcoólatra   26

3. Todos ao mar   35

4. O chamado da Tailândia   52

5. O fundo do poço e a recuperação   60

6. Lucky: a solitária que começou tudo   68

7. Não dá para vencer todas as batalhas   91

8. Por que filhotes são algo ruim   101

9. Quem você leva para casa quando não pode levar todos?   112

10. O amor de mãe é o maior que existe   121

11. Nem todos os cães são fáceis de amar   127

12. A corajosa sobrevivente de câncer   141

13. Hope e a esperança   162

14.	O cachorro que sobreviveu a uma tentativa de assassinato	174
15.	Antes, um caso perdido... agora, firme e forte	182
16.	Hora de comer comida de verdade	192
17.	Não é todo dia que você encontra um golden retriever na Tailândia	203

Epílogo 214
Pós-escrito: o que vem a partir de agora? 218
Perguntas que me fazem o tempo todo 220

Agradecimentos 223

PRÓLOGO

Eu me agachei para examinar mais de perto a coisinha minúscula à minha frente — um fiapinho de vida, embora sua tremedeira violenta provasse que estava bem vivo — e me encolhi de espanto. Não pude evitar. Então dei um daqueles longos suspiros que a gente solta — *uuuuuffff* — quando não consegue encontrar as palavras certas para descrever o que está vendo.

— Ô, meu pobrezinho... — murmurei baixinho enquanto balançava a cabeça com pesarosa incredulidade.

Você pode pensar que já viu de tudo, mas há sempre algo que ainda é capaz de provocar um impacto e tanto, como um soco na boca do estômago, causando perplexidade. Nos últimos anos, desde que vim morar na Tailândia, devo ter deparado com muitas centenas de cães adultos e filhotinhos, nas condições mais horríveis, lamentáveis e de dar pena. Fico desesperado por cada um deles. Muitos deles não conseguiram sobreviver. Até certo ponto, isso deixa você calejado, endurecido. De fato, é necessário criar uma casca grossa, caso contrário é impossível seguir adiante.

A vida não é nada fácil para os cães em situação de rua daqui, sem um tutor para tomar conta deles, sem um lugar para chamarem de lar. Não há porto seguro onde possam se abrigar. Esses cães não têm ninguém para cuidar deles quando adoecem. Cada refeição precisa ser conquistada a duras penas, e eles não fazem ideia de quando será a próxima. O fato de seguirem em frente, quase sempre felizes da vida, vivendo o momento com gratidão pela sorte que têm, me surpreende.

Mas, vez ou outra, quando encontramos um cãozinho em condição tão precária quanto o que estava ali diante de mim, por mais calejados que tenhamos nos tornado em relação aos cães em situação de rua, o encontro ainda pode dilacerar o coração.

Aquela pulguinha no meu escritório improvisado no meio da selva de Ko Samui faria qualquer pessoa ter vontade de chorar. Do tamanho de um melão, imaginei que devia ter apenas quatro ou cinco semanas de vida.

Ele tinha enormes olhos escuros de filhotinho, orelhas caídas e quatro patas; porém, de resto, mais do que qualquer outra coisa, era apenas uma bolinha... nojenta. É lógico que esse não é um termo clínico, e é óbvio que não sou veterinário, mas era impossível descrevê-lo de qualquer outro modo mais técnico.

— Ah, tadinho de você, bebezinho — murmurei.

Tive o desejo de afagá-lo, demonstrar um pouco de ternura e carinho, mas a pele estava tão avermelhada e em carne viva que, para ser bem sincero, eu não sabia direito em que parte do corpo era possível tocar sem causar mais agonia ao bichinho. Ele estava todo desprovido de pelos e não contava com nenhuma proteção para se manter aquecido. Cada milímetro do pobrezinho estava coberto de crostas, feridas abertas terrivelmente doloridas e pele escamosa e repugnante.

— O que diabos aconteceu com você, pequenino?

Toquei sua pata dianteira com toda a delicadeza, pois parecia a região mais segura. Eu precisava mostrar de alguma forma que estava lá para ajudá-lo, que não era um inimigo, e sim um amigo. E que queria ajudá-lo a melhorar.

Ele tremia sem parar. Era de frio? Medo? Doença? Eu não sabia ao certo como seu corpinho minúsculo — pequeno o suficiente para caber na palma da minha mão — suportava a força de tremores tão violentos. Os gemidos eram tão fracos que eu precisava me esforçar para ouvir.

— Ei, meu amiguinho, agora vou cuidar de você — sussurrei enquanto acariciava a pata dianteira no mesmo pedacinho de pele que parecia prestes a explodir de tanto pus, expelir sangue ou talvez até mesmo se soltar do corpo.

Olhei horrorizado para meu amigo Rod, que havia trazido o cãozinho.

— Meu Deus, Rod. — Fiz uma careta enquanto continuava agachado sobre o cachorrinho, e Rod permanecia de pé, próximo.

— Eu sei, cara — disse ele, balançando a cabeça. — Ele está muito mal mesmo.

Assim como eu, Rod é apaixonado por animais, e juntos resgatamos muitos cães desde que vim morar aqui. Rod encontrou a triste criaturinha vagando sozinha na beira da estrada, depois de vê-lo sair de um arbusto onde é provável que estivesse vasculhando o solo à procura de restos de comida.

Só Deus sabe como o cachorrinho chegou lá. Imagino que tivesse irmãos que não sobreviveram. Só Deus sabe como ele ainda estava vivo. Como costuma ser o caso, não sabíamos nada da história do filhote. No entanto, Rod o recolheu e o trouxe até mim para avaliar se era possível fazer algo para aliviar o sofrimento do bichinho.

— Não sei se ele vai resistir — disse Rod.

Não tínhamos a menor ideia do que havia de errado com a pele do cãozinho, nem do que tinha acontecido para que ele estivesse em um estado tão terrível. Era sarna, eu tinha certeza. Doença causada por ácaros, a sarna não é incomum nesta parte do mundo. Ela provoca coceira intensa, e, de tanto se coçarem, os animais perdem a pelagem e acabam com feridas abertas e crostas. Contudo, de algum modo, o pequenino parecia ainda pior. As infecções na pele eram muito graves. Eu tinha que tentar ajudá-lo.

Peguei o cobertor mais macio que encontrei no meu escritório e, com o máximo de cuidado, peguei o coitadinho no colo, na esperança de que a maciez do pano proporcionasse algum amortecimento contra as feridas. No entanto, quando rocei o ponto que evidentemente estava machucado, ele soltou o mais angustiante dos uivos enquanto me encarava com olhos arregalados e suplicantes.

— Shhh, está tudo bem — tranquilizei-o. Por mais que se esteja tentando ajudar, é difícil evitar a sensação de culpa por ser responsável por causar mais dor.

O cãozinho estava vermelho, em carne viva, e pus escorria de algumas das feridas mais medonhas. Ele nem sequer conseguia ficar sentado, porque a pressão do peso do corpinho no chão duro era insuportável. Ele se contorcia em busca de uma posição para descansar dentro do casulo que fiz com o cobertor, como se fosse um bebezinho.

Estava escurecendo do lado de fora. Eu sabia que, se Rod não o tivesse encontrado naquela noite, o cachorrinho não teria sobrevivido até o amanhecer.

Eu o enrolei, deixando os olhos grandes à mostra e o focinho livre para respirar, encontrei um canto tranquilo do escritório para ele descansar durante a noite e coloquei um brinquedo macio ao lado. Costumo oferecer brinquedos macios aos filhotes e aos cães já crescidos, mais ou menos como se faria com um bebê. Alguns cães amam os brinquedos; nem todos se interessam, mas, mesmo que não se empolguem, de alguma maneira isso me faz sentir melhor. O "isso" a que me refiro é tratar os cães com gentileza, demonstrando amor. Fiquei imaginando o que teria acontecido com a mamãe do filhotinho e como ele devia ter ficado assustado quando essa proteção lhe foi tirada.

Aos poucos, a tremedeira dele diminuiu, e os olhos, antes arregalados de medo, começaram a se fechar. Deu para ver que ele estava no modo "luta ou fuga", tomado pela adrenalina. Quando se está perto da morte, é isso que o corpo faz, é parte do instinto de sobrevivência. Naquele momento, contudo, o pobre coitado estava no auge do esgotamento, e todos os hormônios do estresse tinham se esvaído de seu corpinho.

Já testemunhei isso muitas vezes quando cães estão à beira da morte. Assim que se percebem em segurança, eles começam a relaxar, o que parece bom, mas na verdade pode significar que terão uma drástica piora na saúde. É nesse momento que o risco de perdê-los se torna mais real.

Demos a ele alguns medicamentos básicos para aliviar a dor e reduzir um pouco o inchaço das feridas, o que, eu esperava, o ajudaria a ter um sono reparador. No dia seguinte, bem cedo, eu o levaria a uma consulta com o veterinário. Jurei que, se ele aguentasse até o dia seguinte e o veterinário demonstrasse algum otimismo de que o cãozinho era duro na queda e viveria, eu lhe prepararia um belo e suculento bife e uma cavala fresca.

Eu já havia deparado com um cachorro cuja pele se encontrava nas mesmas condições horrendas. Demos a ele o nome de Derek, um animal maravilhoso e de temperamento dócil que todos adorávamos imensamente (e ainda adoramos — mais adiante você conhecerá melhor o Derek!). Obtive os mais surpreendentes resultados apenas alimentando Derek com peixes gordurosos como cavala e agindo com amor, carinho e paciência. Com o tempo, a terrível doença de pele do Derek sarou, e agora ele está 100% curado. Derek é um cachorro deslumbrante, e estou muito feliz por termos ficado com ele, porque o vimos crescer com saúde e uma personalidade hilária.

Eu tinha esperanças reais de que alguns remédios, um pouco de tempo, nutrição de alta qualidade e um montão de amor também funcionariam com o meu novo amiguinho.

— Pode ir pra casa, Rod — disse ao meu amigo. Ele parecia quase tão exausto quanto o filhotinho. O resgate de cães é um trabalho árduo e desgastante em termos emocionais, além de exigir muitas horas de labuta. Rod é um dos amantes dos animais mais dedicados que já conheci.

— Então, que nome vamos dar ao novato, Niall? — perguntou Rod enquanto pegava as chaves do carro para ir embora.

Olhei para o pacotinho, que parecia estar cochilando ao meu lado.

— Vamos chamá-lo de Rodney — falei. — Em sua homenagem. E vamos torcer pra que este pequeno Rodney se sinta inspirado a melhorar, como foi com o Derek. — Sempre fui fã da série de comédia britânica *Only Fools and Horses*, e a ideia de agora ter um Del Boy e um pequeno Rodders como companhia me fez abrir um sorriso.

Depois que Rod foi embora, me agachei sobre seu pequeno homônimo adormecido e — sem me importar com a pele sarnenta — dei um beijinho no minúsculo focinho preto, desejando que ele se recuperasse. Calculei que as chances de ele ainda estar conosco pela manhã eram de 50%. Mas eu não o deixaria sozinho.

Acariciei sua patinha com algumas batidinhas de leve e me preparei para uma longa noite.

1

QUANDO EU ERA UM MENINO... E UM ADOLESCENTE PROBLEMÁTICO

Se escolheu este livro, sem dúvida, assim como eu, você ama os animais. Mas eles sempre foram seus amigos especiais? Hoje sou um irlandês careca que destina todas as horas do dia a estar na companhia de cachorros (e, para ser sincero, sonho com eles durante a maior parte do meu sono). Então, talvez você suponha que a vida inteira, desde que eu era menor que um gafanhoto, tive cães especiais e construí laços com eles, mas nem sempre foi assim. Na infância, os cachorros não faziam parte da minha vida.

Fui criado como filho único em Bruxelas. Durante anos, fomos apenas eu, minha mãe e meu pai. E éramos felizes. Minha mãe, Kathleen, e meu pai, Ronan, eram muito jovens quando se conheceram, ambos católicos e oriundos de vilarejos vizinhos no condado de Tyrone, na Irlanda do Norte. O primeiro encontro foi em um bailinho local. Isso parece antiquado em comparação aos aplicativos de namoro de hoje em dia, mas, quando se vive nos cafundós de uma comunidade rural de pescadores, é assim que se conhece alguém.

A família da minha mãe era de gente boa e trabalhadora, o sal da terra. A julgar pelas fotos que vi, ela foi uma beldade espetacular na juventude, e meu pai, que era esforçado e ambicioso, ficou caidinho. Eles se casaram na igreja da aldeia, e eu vim ao mundo em 1979, quando minha mãe tinha 19 anos, e meu pai, 22; fui o primeiro e único filho deles.

Na época, a Irlanda do Norte estava mergulhada nos Troubles — a guerra civil irlandesa, um conflito entre católicos e protestantes — e não era um bom lugar para criar uma criança. Então, quando eu ainda era um bebê, meu pai recebeu uma oferta de emprego como funcionário público na recém-criada Comissão Europeia em Bruxelas, e nós nos mudamos de mala e cuia para lá. Foi uma oportunidade concreta para que meus pais tivessem uma vida melhor.

Morávamos em uma casa geminada comum em um bairro de classe média que abrigava uma numerosa comunidade de expatriados. Na verdade, era um lugar modesto, entre centenas de outras casas de trabalhadores, mas para mim era mágico — meu castelo. Eu tinha um quarto só para mim e um muro no jardim que transformei em paredão para treinar tênis, além de uma garagem onde eu guardava minha bicicleta e muito espaço para praticar minhas habilidades no futebol.

Minha primeira infância foi completamente idílica. Pelas minhas lembranças, foi um período repleto de felicidade e amor, amigos que iam à minha casa para churrascos, treinos de futebol e festinhas de aniversário. Fui um menino obcecado por futebol. Torcia pelo Manchester United, e Diego Maradona era meu herói. Eu até jogava mais ou menos bem, mas nunca fui bom o suficiente para alcançar o cenário profissional, apesar de passar cada minuto do meu tempo livre chutando uma bola e gastar horas e horas focado em melhorar. Pensando bem, esse talvez tenha sido um dos primeiros sinais da minha natureza propensa a vícios. Nunca recebi um diagnóstico oficial, mas tenho quase certeza de que, se estivesse inserido no sistema escolar de hoje, seria rotulado como um caso de transtorno do déficit de atenção com hiperatividade (TDAH) e colocado em turmas destinadas a crianças com necessidades especiais. Minha energia era inesgotável, e eu nunca conseguia ficar parado, meu cérebro disparava para todos os lados como uma flecha. Para dizer a verdade, não mudei muito nesse aspecto!

Enquanto meu pai era o provedor e saía para ganhar o pão de cada dia, minha mãe ficava em casa e era responsável pela minha criação — esse era o padrão da década de 1980, acho. Mesmo assim, não deve ter sido nada fácil para ela estar tão longe de sua terra natal, distante de sua grande família, e ter que cuidar de um bebê sendo ainda tão jovem. Os voos baratos da companhia aérea Ryanair ainda não existiam, então viver em ponte aérea com o condado de Tyrone não era uma opção. No entanto, em todas as longas férias de verão e no Natal, voltávamos para casa para ver a família. Minha mãe tinha sete irmãos e irmãs, então havia muitos primos com quem brincar, e zanzávamos pelos campos fingindo sermos soldados e correndo com Pickles, o adorável cocker spaniel da minha avó.

Sem irmãos, sempre fui independente, introvertido por natureza e solitário. Ficava perfeitamente satisfeito em passar horas sozinho. Ainda hoje sou assim. Durante toda a vida, situações sociais me causaram e ainda me causam ansiedade.

Minha mãe e meu pai eram muito amigos de outro casal irlandês que se mudou para a Bélgica na mesma época que nós, e o filho deles, Sean, tinha a mesma idade que eu. Ele foi, e é até hoje, meu melhor amigo no mundo. Pode-se dizer que eu era uma criança mimada, pois levava uma vida agradável e estudava em uma escola internacional sofisticada com todas as outras crianças expatriadas de Bruxelas. Nessa idade você aprende idiomas muito depressa, e logo me tornei fluente em francês e em flamengo, embora até hoje fale com sotaque irlandês.

A Tailândia agora é meu lar até o fim da vida. Por muito tempo, entretanto, eu não tinha ideia de onde era o meu "lar". Nunca senti que se tratasse de um lugar específico. Nem a Irlanda do Norte, nem a Bélgica, nem mesmo Dublin, onde cheguei a viver por anos quando mais velho. Sou grato pela oportunidade que tive, durante a infância e a adolescência, de ter um estilo de vida europeu mais cosmopolita, me deliciando com mexilhões e batatas fritas e me misturando com pessoas do mundo todo.

Sem sombra de dúvida, na Europa continental predominava uma atitude mais permissiva em relação ao álcool. As crianças podiam tomar uns goles de cerveja ou vinho com a família, e era normal que os adolescentes tomassem umas cervejas depois de jogar uma partida de futebol ou frequentassem pubs a partir dos 14 anos sem que ninguém franzisse a testa em desaprovação. Infelizmente, a cultura do consumo excessivo de álcool no Reino Unido e na Irlanda é famosa no mundo inteiro, mas não era assim na Bélgica nos meus tempos de criança. Minha mãe gostava de bebericar um pouco de vinho no jantar, e meu pai tomava algumas cervejas no jardim, mas nenhum dos dois era o que alguém chamaria de cachaceiro. Portanto, a dependência de álcool que acabei por desenvolver não pode ser correlacionada a uma herança que recebi deles.

Durante muitos anos destrutivos da minha vida adulta, carreguei um fardo pesado de culpa por um motivo específico: a separação dos meus pais. Culpei minha mãe, meu pai e a mim mesmo.

Até meus 13 anos, a vida foi perfeita. Eu era mimado, protegido e feliz. O divórcio dos meus pais foi um abalo sísmico. Eu não tinha ideia de que eles estavam enfrentando problemas conjugais. Não me lembro de ter testemunhado brigas. Em certa noite terrível, no entanto, eu estava no meu quarto fazendo o dever de casa (ou melhor, *não* fazendo o dever de casa) quando ouvi um alvoroço no andar de baixo. Algo sério estava acontecendo. A porta da frente bateu com força. Ouvi meu pai ao telefone, chorando.

— Pai? — gritei, parado ao topo da escada.

— Desce aqui, Niall, preciso falar com você.

Descalço, desci a escada devagarzinho, e uma estranha sensação de nó se formava na minha barriga. No centro da sala de estar, lá estava meu grande e forte pai, meu super-herói, meu protetor na vida. Ele parecia pálido, arrasado. Seus olhos avermelhados estavam marejados.

Mas o quê...?

— Sua mãe — disse ele, a voz embargada. — Sua mãe foi embora, Niall.

Foi embora? Para onde?

— Como assim? — perguntei em resposta, pelejando para entender aquelas palavras esquisitas que saíam da boca do meu pai.

— Sua mãe abandonou a gente, Niall. Ela foi embora com outro homem. — Em seguida, meu pai se sentou no sofá e chorou de soluçar.

Minha mente foi para o passado em busca de pistas. Eu me lembrei de uma discussão alguns dias antes, para a qual não tinha dado importância; continuei jogando futebol, lendo meus livros, me distraindo. Tão perto da puberdade, sem dúvida eu estava com a cabeça mais nas meninas da minha idade. Não precisava pensar na minha mãe, afinal, ela estava sempre lá.

— Mas ela vai voltar mais tarde, né, pai?

— Não, filho. — Meu pai fitou o chão. — Ela não vai voltar.

E ela não voltou.

Minha mãe foi embora em dezembro de 1992, e desde então odeio o Natal.

Naquela época, antes da existência dos celulares, fiquei várias semanas sem ter contato com a minha mãe. Em um primeiro momento, fui mandado para a casa de Sean para passar as "férias". Depois disso, fui tirado da escola e despachado para a Irlanda a fim de passar os feriados de Natal. Meus familiares foram bondosos, mas ninguém conversava comigo sobre o que estava acontecendo.

Minha mãe foi embora? Ela nem sequer se despediu de mim...

Era enorme a quantidade de coisas que eu tinha a processar. Minha cabeça de 13 anos não compreendia. Em vez disso, enterrei a história toda.

Algumas semanas depois, de volta a Bruxelas, enfim encontrei com a minha mãe. Ela pediu um milhão de desculpas enquanto tentava explicar que havia motivos por trás de sua partida. E garantiu que tanto ela quanto o meu pai me amavam muito. Ambos tinham boas intenções, disseram as coisas certas, mas não entendi nada. Era estranho, constrangedor, e tivemos dificuldade de ter uma conversa como deve ser. Ignorei os abraços dela.

Não sei como um menino de 13 anos *deveria* lidar com essa situação, mas minha reação foi começar a me comportar mal. Eu me tornei um babaca rebelde. Dentro de mim se acendeu uma natureza autodestrutiva.

Alguns dias depois daqueles feriados natalinos extremamente lamentáveis e confusos, fumei meu primeiro cigarro. Um dos caras mais ousados da escola, um rapaz bem arrogante, tinha ouvido falar da separação dos meus pais. A comunidade de expatriados era pequena e fofoqueira.

— E aí, o que está rolando? — perguntou ele.

Aos sussurros, contei a ele tudo o que sabia. Minha mãe tinha ido embora com outro cara. Eu estava morando com meu pai.

— Ah, que merda — disse ele em solidariedade. — Por que você não experimenta um destes? — Ele balançou um maço de Lucky Strikes na minha frente.

Foda-se, por que não ser mau? Afinal, já está tudo uma merda mesmo.

Minha primeira interação com a nicotina foi idêntica à primeira experiência de qualquer pessoa ao acender e tragar um cigarro: repulsiva. Tossi e machuquei o fundo da garganta. Contudo, a sensação desagradável refletia exatamente como eu me sentia por dentro. Foi horrível, mas de um jeito perfeito.

Depois do divórcio, meu pai passou a ser mais generoso com a mesada. Então, além de gastar com cigarros, em pouco tempo também comecei a roubá-los do supermercado, mais pela adrenalina do que por qualquer outra coisa. É uma insanidade imaginar uma coisa dessas hoje em dia, mas naquela época a escola em Bruxelas tinha até um fumódromo, onde os adolescentes, com a devida permissão das figuras parentais, podiam fumar. E assim começou minha relação com o tabagismo, um mau hábito que perdurou por décadas.

Também comecei a gostar de cerveja e cidra. Gostava da sensação que a bebida me dava. Para alguém tímido como eu, que sofre de ansiedade social, o álcool me deixava mais solto, mais comunicativo. Senti minha confiança aumentar.

No vilarejo local, havia até uma máquina de venda automática de cerveja; por 20 francos belgas, dava para comprar uma latinha de qualquer bebida alcoólica com a mesma facilidade com que se comprava uma de Coca-Cola. Logo descobrimos que, enfiando uma mão pequena dentro da máquina, nem sequer era necessário inserir dinheiro.

Durante a semana, eu ficava em casa com o meu pai. Eu nunca mais foi o mesmo sem a minha mãe. Era como se a alegria, o conforto e a segurança tivessem ido embora com ela. Sempre suspeitei que o meu pai sonhava com a possibilidade de reatar e reacender o casamento. Foi um momento confuso e doloroso para todos. Mesmo assim, meu pai cuidava de mim, preparava o jantar e era amoroso, o que não deve ter sido fácil enquanto conciliava essas tarefas com seu emprego na Comissão Europeia.

Eu via minha mãe nos fins de semana. Ela e Andreas, o homem por quem ela havia trocado meu pai, tinham ido morar juntos, e o apartamento era perto o suficiente para ir de bicicleta. Não era sempre que eu gostava de ir. Minha mãe conheceu esse tal Andreas no escritório onde ambos trabalhavam, e eles já estavam tendo um caso havia vários meses quando ela deixou meu pai. Eu me dava bem com Andreas, mas a adolescência não foi uma época feliz para mim. Nessa fase, também me interessei por jogos de azar.

Tudo começou com um simples jogo de dados organizado pela escola para arrecadar fundos para a caridade. Naquele dia, fiquei totalmente viciado, e implorava ao meu pai que me desse mais alguns francos para jogar de novo e de novo e de novo. Constatei que "a casa" sempre ganhava, mas mesmo assim as crianças ficavam felizes da vida em apostar mais. Então, montei meu cassino na escola e implementei as mesmas regras. Assim, eu mesmo era "a casa" — não a escola nem a instituição de caridade. Sempre havia umas dez crianças que se amontoavam para jogar durante o intervalo do almoço, até o dia em que os professores enfim perceberam a jogatina que rolava solta e me obrigaram a encerrar as atividades. Eu estava arrecadando uma quantia absurda proveniente da mesada das crianças e desenvolvendo um baita espírito empreendedor.

Dali em diante, eu estava sempre pronto para me meter em encrencas na escola, sonhando com o próximo grande esquema. Não ligava de me meter em confusão. Em algum momento, alimentei a ideia de me tornar jornalista, então investi em um ditafone com o suposto objetivo de gravar conversas. Em vez disso, gravei o sinal da escola, a campainha eletrônica que indica o início e o término de cada aula. Certo dia, reproduzi essa gravação quinze minutos antes do fim da aula e fiz todos os alunos saírem mais cedo. Imagine...

Outra pegadinha era adulterar os deveres de casa dos outros alunos, como quando certa vez rabisquei em um deles a frase "O sr. O'Neill é um babaca punheteiro". Eu vivia na sala do diretor. E, como continuava aprontando, não era aprovado nas provas necessárias para passar de ano. Era bem comum um aluno ser reprovado e repetir de ano. No meu caso, no entanto, foram três vezes seguidas. Então, aos 15 anos, já um rapaz, lá estava eu, na mesma turma dos meninos de 12. A sensação era de estar em algum filme de comédia ridículo. É provável que eu teria conseguido se tivesse me esforçado. Naquela época, porém, eu era agitado, desvairado e incontrolável. Todos concordaram que seria melhor eu sair da escola.

Meus pais encontraram um internato mais rígido para mim. Meu comportamento continuou não sendo lá essas coisas. Eu estava sempre testando os limites. Instaurei o caos ao provocar um curto-circuito no despertador matinal do nosso dormitório e no do professor encarregado de nos acordar. Dormimos até tarde e tivemos o melhor dia de todos! As outras crianças me trataram como herói. A escola era cheia de desajustados como eu. Todos fumávamos e bebíamos cerveja a bordo do trem na sexta à noite, no trajeto de volta para nossas famílias. Estar em apuros era a menor das minhas preocupações.

O que mais me preocupava era minha mãe. Dedicada, ela comparecia a todos os meus jogos de futebol, e passávamos bons momentos juntos à noite, às vezes até compartilhando umas cervejas. Ela conseguira um novo emprego e dava um duro danado para tornar sua casa agradável para mim. No entanto, as coisas com Andreas não estavam nada boas.

Depois que eles foram morar juntos, ele se tornou fisicamente abusivo. Os hematomas na minha mãe eram cada vez mais frequentes, e as desculpas dela — do tipo "dei com a cara na porta" ou "tropecei na escada" — foram ficando inconsistentes.

Eu tinha medo do Andreas e temia pela minha mãe. E me odiava por não ser capaz de ajudá-la. Ficava no meu quarto e fingia que as brigas — o choro dela, o barulho horrível de batidas, gritos e pancadas — não estavam acontecendo de verdade. Elas pareciam partir do ciúme de Andreas: se minha mãe ousasse ir a qualquer lugar sem ele, ou tivesse qualquer elemento em sua vida que não contasse com o envolvimento direto dele, Andreas encarava isso como ameaça. Não que ele bebesse muito, mas de repente se enfurecia e partia para cima dela. Eu me odiava por não conseguir protegê-la. Em vez disso, me escondia ou saía com amigos e bebia uma cerveja atrás da outra para tentar esquecer o sofrimento.

Como é o costume de muitos homens abusivos, depois de cada episódio de violência, Andreas pedia desculpas, dizia palavras doces à minha mãe e a convencia a ficar com a promessa de que as agressões nunca mais aconteceriam. E, por algum tempo, não aconteciam mesmo. Em alguns dias, as coisas até pareciam normais, mas eu vivia em constante estado de ansiedade. E, como era de se esperar, mais cedo ou mais tarde a violência sempre retornava.

Certa vez, eu estava no meu quarto e ouvi a discussão esquentar. Pé ante pé, segui pelo corredor até a sala. Fiquei lá à espreita. *Devo bater à porta? Fazer algum barulho lá fora? Invadir o cômodo?* Hesitei, sem saber o que fazer, mas acabei surgindo na sala.

Eu deparei com Andreas em cima da minha mãe no sofá, brandindo o que parecia ser um abajur na cara dela. Ambos pararam e olharam para mim. Eu os encarei com os olhos arregalados de horror. Voltei correndo ao meu quarto e me lembro de ter pensado: *Bem, desta vez impedi a agressão, eu a salvei.* Também me lembro de ter pensado que a vida nunca mais poderia ser tão ruim quanto naquele dia, não importava o que acontecesse no futuro.

No dia seguinte, Andreas me levou para uma longa caminhada e deu uma desculpa idiota. Ele se justificou com uma história triste de que os pais batiam nele. Só que eu não estava ouvindo de verdade. Achei que só precisava assentir e fingir que entendia, independentemente do que sentia em relação a ele. Andreas era um idiota, mas também um homem adulto e corpulento, e eu ainda era um garoto magricela. Se ele quisesse, poderia me dar uma surra, com certeza. Posso até ter "salvado" minha mãe naquela vez em que entrei de supetão na sala, mas ela ainda assim sofreu muitos outros ferimentos, incluindo uma lesão na órbita ocular. Andreas era um canalha.

Minha mãe continuou com ele por anos, e, quando completei 16, eles tiveram uma filha juntos, minha irmã Verônica. Os maus-tratos se abrandaram um pouco no período em que minha mãe estava cuidando da bebê, a quem eu amava com a mesma intensidade com que detestava o monstro do Andreas. Por fim, muito tempo depois de eu ter saído do ninho, ela criou coragem para deixá-lo, graças a Deus. Contudo, isso me assombrou por muitos anos.

Embora não estivesse me comportando mal em casa, na escola tudo descambou para pior. No internato, havia um professor especialmente autoritário com quem eu sempre entrava em conflito. À noite, levava livros de geografia para ler na cama. Ler sobre o mundo era uma espécie de fuga para mim. Certa noite, ele me flagrou lendo à luz de uma lanterna, confiscou o livro e me suspendeu. Não é da minha natureza ser raivoso, mas daquela vez eu surtei e perdi o controle por completo.

— Vai se foder, seu babaca do caralho! — vociferei furioso, disparando uma enxurrada de todos os outros palavrões que conhecia. — Estou tentando aprender alguma coisa sozinho, você pode enfiar a porra da sua escola no meio do cu! — Fiquei ensandecido de raiva, soltando fogo pelas ventas. Depois de um ano de internato, também fui convidado a me retirar.

Foi assim que, aos 17 anos, me vi sem qualificações, sem a mínima noção do que fazer da vida e despreparado para a idade adulta.

2

TRABALHAR NA COZINHA: A RECEITA DO DESASTRE PARA UM ALCOÓLATRA

Minha mãe sempre me apoiou e me amou, mas dessa vez ela tinha o bebê Verônica para cuidar. Meu querido pai nunca sentiu raiva de mim, embora tivesse todos os motivos do mundo. Tenho certeza de que ele estava desesperadamente decepcionado e preocupado, mas queria que eu aprendesse algum ofício, um meio de ganhar a vida no futuro. Então, enquanto meus amigos planejavam para qual universidade iriam, meu pai me incentivou a me matricular em uma faculdade de catering em Dublin. Ele era um cozinheiro de mão cheia, e, em algum momento, eu tinha demonstrado interesse pela culinária. Muitas vezes pegava um de seus antigos livros de receitas e descobria que preparar até mesmo uma simples massa acompanhada de frango, como a que meu pai fazia, podia ser muito terapêutico. Picar e fatiar os ingredientes, mexer e misturar na panela e criar algo saboroso eram processos que ajudavam a acalmar minha mente irrequieta.

E foi isso. Embarquei em um avião rumo à Irlanda para fazer a entrevista, me sentindo ridículo em um dos velhos ternos do meu pai, enquanto tentava aprender no desespero os nomes dos equipamentos e utensílios de cozinha durante o voo. Só Deus sabe por que cargas d'água achei que perguntariam essas coisas.

Não precisava ter me preocupado, porque fui aceito no Dublin College of Catering, o que significou dizer um triste adeus ao meu melhor amigo, Sean, e também a Kate, minha namorada. Kate e eu estávamos ficando havia alguns meses, e ela organizou uma festa surpresa de despedida, o que foi uma das coisas mais legais que alguém já fez por mim na vida. Conversamos sobre a tentativa de fazer o relacionamento dar certo mesmo a distância — ela na Bélgica, e eu, em Dublin —, mas logo botamos um ponto-final na possibilidade.

Naquele verão, antes do início do curso, trabalhei num restaurante na Irlanda do Norte enquanto ficava hospedado na casa da minha avó. Ganhava 1 libra por hora — um salário tão baixo que é provável que fosse ilegal — para montar pratos, servir peru e presunto para convidados de festas de casamento e receber os pedidos gritados enquanto preparava purê de batatas. Eu amei. Era muito melhor do que ficar sentado numa escola enfadonha, e eu sentia um baita orgulho ao receber um pequeno envelope de papel pardo contendo 50 libras no fim da semana. Sentir aquelas notas e moedas de libra que eu tinha conquistado por conta própria não tinha preço.

Eu gastava todo o salário em cidra, bebidas de baixo teor alcoólico tipo cooler da marca Hooch, cigarros e sacos de batatas chips. Fiz novos amigos no trabalho e saíamos todos juntos, um bando de rapazes cheios de energia. Certa vez, depois de muitas cervejas, atirei uma pedra numa fonte pública e, quando um policial me abordou, fingi que só sabia falar francês. Em outra ocasião, dancei em cima do capô de um carro. Minha avó me deu uma bela bronca, posso assegurar.

Também fumei maconha pela primeira vez. Apenas algumas tragadas no baseado de alguém me provocaram náuseas e ânsia de vômito. Isso me afastou das drogas por um tempo, mas o apetite pela bebida tinha se instalado com tudo.

De repente, me senti muito mais adulto. Não queria estragar tudo, como tinha feito na escola. Quando ingressei na faculdade de catering, estava determinado a ser alguém. Para ser sincero, o curso não era lá grande coisa, mas, graças ao emprego de verão e à minha obsessiva paixão por livros de culinária, criei confiança suficiente para entrar direto pela porta dos fundos de um dos poucos restaurantes da cidade com uma estrela Michelin, o Peacock Alley, onde consegui um emprego (muito humilde).

Todas as noites, depois da faculdade, eu ia para o Peacock Alley e trabalhava como se não houvesse amanhã. Era um mundo totalmente diferente do de bufês de festas de casamento. Naquela época, o Peacock Alley era o melhor restaurante da cidade e tinha uma cozinha com 24 chefs bocas-sujas, peludos e cheios de testosterona que disparavam grosserias, obscenidades e palavrões enquanto empunhavam facas enormes e panelas grandes. E, toda vez que acontecia algum grande evento em Dublin, as celebridades — tipo o cantor Ronan Keating e a cantora Mariah Carey — iam para lá. A ostentação e o glamour me fascinavam.

Eu era incumbido de fazer o trabalho mais pesado, braçal e cansativo: as tarefas mais repetitivas e desprezadas, como tirar os talos de espinafre, descascar alho, preparar guarnições. Se ousasse me desviar do minúsculo pedacinho de bancada que me cabia, literalmente levava um soco nas costelas. Meu Deus, que linguagem desbocada usávamos naquela cozinha! Isso em si foi uma educação. Era um viveiro de homens misóginos e durões, e eu era o garoto estrangeiro magricela e de rosto pálido. Entretanto, adorei cada segundo daquele ambiente maluco, onde absorvia as habilidades como uma esponja.

Certa vez, dois dos chefs franceses falaram mal de mim.

"Aquele maldito moleque não tem noção de nada!", berrou um deles. Para ser sincero, nunca fui um cozinheiro excepcional do ponto de vista técnico. No entanto, era insolente o suficiente para retrucar com um gracejo na cara dos mandachuvas. Ah, como eu gostava de responder com um perfeito sotaque francês e ver a cara deles no chão. Eles logo passaram a me aceitar por meu entusiasmo, e não por minha destreza.

O chef principal era um gigante carismático chamado Conrad Gallagher, um sujeito com estilo meio Gordon Ramsay. Com 1,98 metro, ele ficava parado na passagem — por onde a comida da cozinha é entregue ao pessoal do salão — acenando para todas as pessoas famosas enquanto se mantinha ocupado berrando ordens para nós. Ele tinha o pavio curto, sem dúvida, e arremessava pratos na cozinha quando algo não estava de acordo com seus padrões exigentes. O segredo era se manter fora do seu radar e trabalhar muito. Eu era um pouco atrevido e bancava o folgado com ele; nunca fui rude, mas não me intimidava, e ele meio que era afetuoso comigo. Todo mundo morria de medo das oscilações do temperamento colérico do Conrad, mas eu dispersava o mau humor dele com brincadeiras e provocações. "Vamos lá, Conrad, cadê as minhas batatas, porra?", dizia em alto e bom som com um risinho de escárnio. Ele fingia ficar indignado e depois me dava uma piscadela.

Era normal ter turnos de dezesseis horas, e vi marmanjos chorando, destruídos pelo ritmo brutal do lugar. Eu, no entanto, era jovem e ansioso para aprender, e de alguma forma dei um jeito de sobreviver por lá até me formar na faculdade de catering. Naquela época, o diploma não significou nada para mim. Na indústria da culinária, se alguém quiser se certificar de que determinada pessoa sabe cozinhar, simplesmente a coloca na cozinha durante quatro horas. Certificados não têm a menor importância. Mesmo assim, fiquei satisfeito por enfim conquistar alguma coisa na vida e deixar meu pai orgulhoso. Eu havia me destacado em algo.

Porém, se naqueles anos eu trabalhava com afinco, também farreava com ainda mais vontade. Ao terminar um longo turno às onze da noite, estava elétrico, ligadão, pronto para a festa. A essa altura, Sean já estava de volta à Irlanda, assim como outros colegas dos tempos de escola que tinham ido fazer faculdade em Dublin. Eu me encontrava com eles depois do trabalho, decidido a "acompanhar" a bebedeira.

Qual era a minha bebida sofisticada preferida naquela época? Vodca dupla com Gatorade, ou vodca tripla com Smirnoff Ice. Em uma tentativa de ficar o mais bêbado possível antes do bar fechar às duas da manhã, eu cambaleava segurando três bebidas ao mesmo tempo. Quando você quer encher a cara com a máxima urgência, não adianta perder tempo tomando cerveja, não é mesmo?

Em geral, ficar bêbado até cair era uma missão que eu fazia questão de cumprir, e no fim das contas ficava muito mais chapado do que Sean e os rapazes. No entanto, eu não me preocupava com meu senso de urgência em relação a beber; o consumo excessivo de álcool era um costume aceito. Havia noites em que eu dormia apenas meia hora e ia direto para o trabalho. Ninguém se importava.

E aquele instinto para a jogatina que demonstrei nos tempos da escola? Bem, em pouco tempo eu estava perdendo meu salário inteiro nas casas de apostas. Corridas de cavalo, corridas de cães, bingo, apostas de futebol, tudo era pura adrenalina.

Foi um chefe de cozinha que me incentivou a experimentar minha primeira carreira de cocaína. O uso da droga é abundante no setor de restaurantes. Fornece a energia necessária para a insanidade que é o expediente de horas sem fim. As drogas me deixavam nervoso, e, por vários anos, consegui resistir.

— Ah, para com isso, deixa de ser bunda-mole! — zombavam de mim, balançando na minha cara um saquinho de pó branco e cédulas enroladas. No fim das contas, cedi à pressão dos colegas.

Foi na mesma época que experimentei ecstasy. Depois de recusar por muito tempo, certa noite, numa balada tosca e caída de Dublin, acabei concordando em engolir um. Meia hora depois, estava sorrindo feito um doido.

— Ai, meu Deus... — Eu delirava, completamente despirocado. — Vocês não estavam mentindo. Isso é *sensacional*! —

Passei o restante da noite com um sorriso estampado no rosto, adorando a sensação de autoconfiança, que tinha subido a níveis estratosféricos, e dançando ao som das batidas da música techno.

Depois daquela noite, passei por pequenos períodos de envolvimento com drogas, tipo dois ou três fins de semana me entupindo de comprimidos, mas depois não toquei neles por seis meses, porque sabia que eram muito perigosos para alguém da minha natureza. Eu já estava desconfiado do meu "lado mais sombrio" — sabia com total convicção que tinha uma personalidade suscetível a vícios.

Foi mais ou menos nessa época que comecei a sofrer de depressão e ansiedade. Existe uma forte ligação entre a saúde mental e o abuso de bebidas e drogas, mas na época eu não fazia ideia disso. Na verdade, nem sequer sabia o que era depressão ou ansiedade. As pessoas não falavam disso na década de 1990, muito menos os jovens, do jeito que fazemos agora.

Portanto, não vinculei meu humor sombrio ao estilo de vida que estava adotando. Havia dias em que a ansiedade pós-farra e pós-noitada era paralisante. Começava com uma tensão no maxilar. Em seguida, eu ficava nervoso demais para fazer qualquer coisa ou até mesmo sair de casa. E não conseguia dormir.

A ansiedade e a bebedeira aumentaram em níveis absurdos quando eu tinha 21 anos e Conrad me nomeou chef de seu mais novo restaurante, o Lloyd's Brasserie. Eu não tinha preparo algum para o cargo, era algo muito fora do meu alcance. Minha família ficou genuinamente orgulhosa de mim — o rapaz sem qualificações que tinha conseguido conquistar algo. Isso agravou ainda mais meu estado de nervos. Eu me sentia uma fraude. Não sabia o que estava fazendo. Em pouco tempo, todos os outros funcionários começaram a me odiar, porque, na opinião deles, eu não deveria ter conseguido o cargo, e sim eles. Eu sentia como se não pudesse confiar em ninguém.

Desse modo, recorria ao álcool para aliviar a ansiedade... o que, é lógico, só piorava a situação. Depois que o efeito "relaxante" da primeira bebida passava, eu tinha que beber mais para recuperá-lo. E consumir toda aquela quantidade de bebida era como jogar combustível na fogueira dos meus medos.

Tive meu primeiro ataque de pânico quando saí de férias com uma namorada, uma mulher adorável chamada Sabrina que se desdobrava entre o trabalho no restaurante e os estudos. Compramos um pacote de férias para a Espanha e, no meio da viagem, de repente senti uma dor horrível no peito.

— Acho que temos que ir pro hospital! — anunciei aos gritos, convencido de que estava morrendo.

Os médicos verificaram tudo e ministraram alguns comprimidos para me acalmar, mas basicamente me deram alta e um atestado com a alegação de que eu gozava de boa saúde. Entre os 20 e os 30 anos, fui hospitalizado cinco vezes com os mesmos sintomas: aperto no peito, dores com irradiação para o braço, dificuldade para respirar. O eletrocardiograma, entretanto, estava sempre normal. Nunca me deram o diagnóstico de ataque de pânico. Durante anos, acreditei que tinha algum problema cardíaco latente. Parece uma insanidade, eu sei, mas nunca atribuí nada disso ao meu estilo de vida caótico.

Ter perdido 600 euros — dinheiro que eu e Sabrina vínhamos juntando — em jogos de azar na véspera da nossa viagem de férias também não ajudou muito. Fui depenado em uma única tarde e tive que suar a camisa para conseguir um empréstimo.

Na surdina, meu vício em apostas continuava a pleno vapor. Eu fazia um monte de merdas, como não dar as caras em compromissos por estar bêbado ou de ressaca. Sabrina, como teria feito qualquer pessoa que se preze, me largou.

— Desse jeito, não consigo continuar — disse ela entre lágrimas, no carro. — Não se você continuar bebendo, Niall.

Ela foi a primeira pessoa a levar a sério e sugerir que eu tinha problemas com bebida. E é óbvio não foi a última namorada a terminar comigo por causa disso.

★ ★ ★

Depois que a relação com a Sabrina acabou, fiquei infeliz. Eu odiava o trabalho de chef e acordava com muita ansiedade todos os dias. Sean e alguns outros rapazes, Barry e Cillian, estavam se formando e planejando uma viagem para a Austrália. Como havia pouca coisa que me mantinha em Dublin, decidi largar o emprego e me juntar a eles.

Lá, consegui trabalho em uma cozinha com muita facilidade, e nós quatro alugamos um apartamento em Melbourne. Um quarteto de rapazes irlandeses, todos bebendo e fumando maconha, prontos para curtir. Parecia o lugar perfeito para superar um rompimento. Eu me joguei na farra.

Havia uma boate que nunca fechava chamada Revolver. Entrei lá numa sexta e só saí no domingo à noite. Naquele fim de semana, tomei quinze comprimidos de ecstasy, acompanhados de litros de rum e Coca-Cola. Como você pode imaginar, a ressaca não foi nada bonita. Fiquei cinco dias sem sair da cama, não fui trabalhar e perdi o emprego. Os caras — que não curtiam pílulas — acharam tudo hilário. Contudo, eles não tinham ideia de como as coisas na minha cabeça estavam medonhas. Uma simples ida ao banheiro exigia três horas de preparação psicológica só para atravessar o corredor.

Havia muitos outros empregos de chef disponíveis. No entanto, em todos eles, eu só durava três meses antes que mais uma bebedeira culminasse na minha demissão. Eu dava risada e não ligava a mínima.

— Na verdade, eu nem queria esse emprego — dizia aos meus amigos, dando de ombros. A culpa era sempre da bebida. Eu estava um caco e, bêbado, ligava para Sabrina, que havia seguido em frente.

Eu sabia que queria mudar, mas estava perdido.

A internet estava começando a invadir nossa vida e, sentado em um pequeno cibercafé, pesquisei opções e deparei com a possibilidade de trabalhar nas temporadas de esqui. Eu sabia cozinhar e queria praticar snowboard, então por que não ir para as montanhas? Desejando uma mudança de ares, rumei para os Alpes.

Trabalhando como chef em um hotel administrado por ingleses, tudo que eu precisava fazer era preparar o café da manhã, o chá da tarde e o jantar, tudo básico. Eu dava conta de fazer tudo de olhos fechados. Isso me proporcionava todo o tempo livre do mundo para o snowboard e a cena noturna pós-esqui. Duas semanas depois, já nem me lembrava mais do snowboard, só guardava energia para a farra. Sinceramente, foi uma carnificina.

Como o trabalho que eu precisava fazer na cozinha exigia muito pouco, eu não via problemas em tomar algumas cervejas enquanto preparava uma caçarola de frango... ou enquanto preparava o café da manhã. Pela primeira vez na vida, eu estava bebendo cerveja às sete da manhã.

Que mal tem?

Acontece que trabalhar na temporada de esqui é um presente para qualquer pessoa com problemas relacionados ao álcool. Drinques e canecas de meio litro à tarde, vinho quente, café com uísque — as oportunidades para aproveitar eram amplas. Além disso, toda semana chegava um novo grupo de garotas bonitas. Você já pode imaginar como foi o ciclo. Foram meses de devassidão e depravação, sem final feliz. Antes do término da temporada, me desentendi com o patrão e pedi demissão. Ainda estava fugindo das responsabilidades, e os demônios da bebida tinham fincado raízes firmes.

3

TODOS AO MAR

Trabalhar em iates foi minha próxima ideia mirabolante. Para se inserir nesse mundo, era necessário fazer uma "caminhada nas docas", que no geral consistia em percorrer o cais e entregar seu currículo na tentativa de encontrar um emprego para a temporada. Encontrei uma brecha, e minha porta de entrada foi um barco pequeno, de 50 metros; depois, ao longo de alguns anos, pulei de um trabalho para outro até chegar às embarcações maiores. O nível de riqueza era insano: o aluguel de um dos "barcos menores" chegava a 60 mil euros por semana. Quanto aos maiores, o valor salta para a casa dos milhões.

Era um mar de rosas, porque eu conseguia ganhar uma bolada com os trabalhos nos iates de luxo — 4 mil euros por mês, mais gorjetas. É uma ótima forma de economizar dinheiro, já que a alimentação e a hospedagem saem de graça. Eu nem dava conta de gastar tudo em bebida e, como não havia jogatina a bordo, investia uma parte do salário em ações e participações em empresas.

Um dos meus primeiros empregos foi como chef particular de um empresário muito bacana de Malta. Ora eu trabalhava na mansão dele, ora viajava com ele para cima e para baixo a bordo de seu iate. Meu Deus, as festas desse cara eram de outro mundo!

Cuidei do preparo da comida da festa de arromba que ele deu no ano-novo em Green Park, Londres, onde recebeu todos os amigos mais próximos e convidados. Naquela noite, acabamos em uma boate extravagante, dançando com cerca de 3 mil homens sem camisa. Foi uma doideira, mas divertido, e é óbvio que eu vivia de porre. Lá estava eu, aos 23 anos, com a cabeça virada pela dinheirama daquelas pessoas. Para mim, tudo era um absoluto deslumbre.

Depois disso, consegui um emprego no *Octopus*, o megaiate de 126 metros de comprimento do bilionário Paul Allen. Ele foi o cara que fundou a Microsoft com Bill Gates. Os dezoito meses em que trabalhei para ele foram insanos. A bordo havia piscina, quadra de basquete, cinema e *wine bar*, além de um iate à vela e um submarino.

Na maior parte do tempo, eu ficava no convés inferior encarregado da logística de fazer pedidos de comida e organizar suprimentos. Paul era muito introvertido e se comunicava comigo sobretudo por e-mail, embora estivesse no convés superior do iate. Ele nunca queria escolher a refeição com antecedência, pelo cardápio, porque gostava de ver a comida antes. Por isso, em cada refeição, eu tinha que criar cerca de dez pratos para que ele escolhesse o que mais lhe agradasse. Ele gostava de sorvete, então o freezer era abastecido com todos os sabores imagináveis. Certa vez, ele quis o único que não tínhamos: pêssego. Quando a pessoa é muito rica, é tratada de maneira diferente. Em vez de simplesmente contarem a Paul, que com prazer teria escolhido outro sabor, alguém teve que embarcar em um helicóptero para encontrar o sorvete de pêssego. Aquele pote deve ter custado milhares de euros.

O peixe utilizado no preparo do sushi vinha do Japão, as trufas, da França, e a muçarela de búfala, da Itália. Naquela época, a sustentabilidade não era bem uma pauta prioritária, mas quem é podre de rico tem condições de viver assim, acho. Paul mantinha não um, e sim dois helicópteros no barco, mas era um sujeito decente e sempre fazia questão de deixar bem evidente que o estafe poderia utilizar as aeronaves quando necessário.

Certa vez, comandei a churrasqueira e preparei um enorme churrasco na praia para a festa de 50 anos de Bill Gates, e me lembro de ter ouvido uma conversa entre Bill e sua então esposa, Melinda. Fiquei surpreso porque eles pareciam pessoas legais e comuns, gente como a gente, falando sobre os passeios a cavalo dos filhos e o desempenho deles na escola. Era nítido que Bill era um gênio e mesmo assim um sujeito boa-praça; ele conversava comigo enquanto eu servia seu bife, depois ficava sem me ver por seis meses, mas, ao me reencontrar, me cumprimentava com um "Oi, irlandês!". Eu mal podia acreditar que ele se lembrava de mim.

Viajávamos pelo mundo inteiro. Todas as pessoas mais famosas e importantes frequentavam aquele iate, desde a realeza até rappers renomados, estrelas de cinema como Angelina Jolie e Cuba Gooding Jr., astros do esporte como Lance Armstrong, e socialites megarricas, como Paris Hilton. As acomodações do iate incluíam um estúdio de gravação, então eu me via diante de estrelas da música como Shakira, Red Hot Chili Peppers e U2. Certa vez, Bono, assim que soube que o chef, no caso, eu, havia trabalhado em Dublin, me pediu para preparar um café da manhã irlandês completo para quarenta membros da comitiva de sua banda.

Eu ficava no convés inferior descascando batatas ou limpando mexilhões, mas sempre dava um jeito de tentar me esgueirar e espiar algumas celebridades. Quem mais me impressionou foi Sacha Baron Cohen, já que naquela época seu personagem, Ali G, era extremamente popular. Eu me lembro de ter tido a impressão de que ele era muito sério, até um pouco infeliz. Acho que, no fim das contas, o dinheiro não pode comprar a felicidade.

Enquanto os ricos e famosos se deleitavam no luxo, as coisas no convés inferior estavam sempre em atividade, em frenesi.

Lógico que a equipe festejava depois do expediente; éramos todos jovens, e todo mundo acabava se pegando. Em muitos barcos, vigorava a política de proibição de relacionamentos entre funcionários, por causa dos problemas que surgiam quando os casais se desentendiam. Porém, a pegação rolava solta mesmo assim.

Tínhamos acesso a todas as bebidas que quiséssemos, porque o estoque do barco estava sempre completo. Champanhe rosê, vodca, tudo o que se pode imaginar. Certa vez, encomendaram um carregamento de champanhe no valor de 150 mil euros, mas os convidados eram russos ortodoxos e não bebiam. Houve até uma proposta de devolução da bebida e ressarcimento da compra, mas no fim eles deram de ombros e disseram: "Deixem o estafe beber." E foi o que fizemos. Chegamos a encher uma jacuzzi inteira com o champanhe e nos banhamos nele, só porque podíamos. Uma doideira.

Beber até desmaiar se tornou algo normal. E então, depois desses episódios de perda total, a paranoia se instalava. *O que foi que falei? Será que fiz alguma estupidez? Será que dei em cima de alguém?*

Eu não conseguia lidar com as ressacas. Sentindo-me deprimido e mergulhado em uma ansiedade terrível, cheguei até a mandar um e-mail para todos os tripulantes afirmando que eu era alcoólatra, que sentia muito e que deixaria o barco no dia seguinte. Senti essa urgência em contar às pessoas; era um pedido de ajuda, mas ao mesmo tempo eu também queria muito parar. Foi muito embaraçoso.

Fui chamado por meus superiores, que foram muito gentis e garantiram que me dariam todo o apoio. Depois disso, fiquei tão mortificado com o e-mail e com meu comportamento geral que me mantive sóbrio por vários meses.

Tive uma nova recaída quando estávamos em uma praia idílica na Sardenha. Todo mundo se esbaldava de Aperol Spritz. Tudo estava lindo e maravilhoso.

Foda-se, não posso ficar aqui sentado e bebendo água. Todos aplaudiram quando tomei um golinho.

— Aêêêêê, ele voltou! — disseram eles em meio a risadas e aplausos. Parecia impossível não beber naquele ambiente.

Enquanto isso, na Bélgica, meu pai tinha conhecido uma jovem senhora irlandesa, Grainne, e pedi uma folga de 24 horas para comparecer ao casamento deles. Fiquei contente por meu pai ter encontrado a felicidade que de fato merecia (e fico feliz em informar que agora eles têm dois filhos maravilhosos, Noah e Ruadh), mas mal consigo me lembrar da festa de casamento em si, porque fiquei completamente embriagado. Desmaiei no voo de volta para casa usando o terno da festa e saí do avião carregado por amigos. Acontece que algumas pessoas que testemunharam essa lamentável cena eram convidadas do iate, e foi muito vergonhoso quando, horas depois, tive que servi-las.

Contudo, eu não estava sozinho no abuso de álcool, então era fácil esconder. Houve uma noite especialmente agitada no Taiti, em que quatro funcionários foram parar no hospital por causa de ferimentos provocados pelo excesso de bebida. Quando o comandante do iate proibiu o consumo de bebidas alcoólicas para todos os funcionários, fiquei, para ser sincero, aliviado.

Depois de três anos de excessos em todos os sentidos, concluí que era hora de deixar a insanidade do mundo dos iates. Meu último emprego no ramo foi em um barco muito menor no Caribe, em que cozinhava apenas para um casal de idosos canadenses. No barco deles, vigorava uma política de zero consumo alcoólico, o que era bom para mim. Havia muito tempo que eu vinha pesquisando "eu sou alcoólatra?" no Google, sabendo muito bem que a resposta era afirmativa.

Quando me afastei da bebida, me senti em melhor forma física e mental e comecei a me aventurar com minha câmera digital. Só por diversão, fiz um vídeo simples sobre como preparar o bife perfeito, editei e postei no YouTube, que estava em seu primeiro ano de existência. Meu vídeo alcançou 100 mil visualizações, o que, naquela época, era muita coisa.

Opa, tem algo aí.

Meu cérebro empresarial foi acionado. Liguei para Sean, que trabalhava em um banco, mas eu sabia que estava inquieto. Não seria genial trabalhar com meu melhor amigo?

— Vamos gravar vídeos e postá-los na internet, esse é o futuro da culinária! — propus a ele, cheio de entusiasmo. — Vamos ser bilionários como o Paul Allen!

Voltei a Dublin, contagiei Sean com minha empolgação, e, em 2007, nasceu o iFoods. A ideia era oferecer vídeos simples e acessíveis de "como fazer": como fazer o frango assado perfeito, como fazer ovos mexidos perfeitos e tal. Justiça seja feita, o TikTok provou que existe mercado para esse tipo de coisa. Naquela época, estávamos um pouco à frente do nosso tempo e à frente de coisas essenciais como uma banda larga confiável. Entretanto, não pensamos em tudo, apenas presumimos que ganharíamos milhões com inscritos e assinantes. De qualquer forma, esse era o plano.

Ambos investimos 50 mil euros, juntamente com um terceiro sócio, Peter, outro chef. Nunca é demais enfatizar, e eu não me canso de repetir, que eu não tinha a mínima noção de nada do mundo dos negócios. Sendo chef, eu passava todo o meu tempo na cozinha; não tinha conhecimento de mídia nem era um grande entendedor de tecnologia. No entanto, fui ingênuo e pensei que Sean poderia cuidar do lado comercial das coisas, Peter seria o investidor e eu seria o cara diante das câmeras, tipo um novo Jamie Oliver. Hoje em dia, me sinto constrangido só de pensar em tudo isso.

O primeiro vídeo foi um sucesso. *Isso é moleza!*

Começamos a chamar a atenção, e Sean até arranjou uma vaga para nós no *Dragons' Den* — um reality show em que empreendedores têm a oportunidade de apresentar suas ideias de negócios a um painel de investidores ricos —, um programa de grande audiência. Passamos semanas preparando a apresentação e, embora não tenhamos obtido o investimento financeiro, conseguimos muita publicidade. Concedemos entrevistas a algumas revistas, e o iFoods tinha um aplicativo disponível na Apple. Contudo, por sermos novatos, cometemos todos os erros comerciais possíveis e, no processo, gastamos todo o dinheiro. Os números minguaram, ficamos sob pressão, e a coisa toda deu com os burros n'água. O que eu fiz? Para combater o estresse, enchi a cara de vinho.

Sean me culpou, eu culpei Sean. Tivemos um arranca-rabo espetacular e paramos de nos falar por dois anos. Foi uma verdadeira queda no abismo da desgraça. Achávamos que seríamos um sucesso e acabamos perdendo tudo. Senti vergonha por nosso negócio não ter dado certo.

A essa altura, o Facebook, o Twitter (hoje X) e os blogs estavam ganhando popularidade. Eu tinha 27 anos quando comecei a ter conversas virtuais com Lauren Fisher, uma garota de Brighton, sobre a ascensão das mídias sociais. Dava para antever que seria algo enorme; eu e ela éramos jovens e ficamos entusiasmados com a entrada na nova era tecnológica. Bêbado (é óbvio), eu a convidei para passar o fim de semana em Dublin. Nós nos demos bem, decidimos abrir um negócio juntos e nos apaixonamos.

Juntamos 10 mil euros e montamos a Simply Zesty no meu quarto de hóspedes, para manter as despesas baixas. Pelo menos eu tinha aprendido um pouco com meus erros empresariais anteriores. Grandes marcas como Vodafone, Pepsi e Bank of Ireland queriam marcar presença nas redes sociais, mas não sabiam o que fazer, por isso Lauren e eu "prestávamos consultoria" a essas marcas, apresentando-nos como especialistas no assunto. Nosso conhecimento não era extraordinário, longe disso, mas essa área era nova para todos, e nós estávamos entusiasmados; assim, com uma dose razoável de competência, mergulhamos de cabeça e botamos a mão na massa.

O negócio floresceu; em pouco tempo, tínhamos quarenta funcionários, e eu fui indicado ao prêmio de Empreendedor do Ano da Ernst & Young. Foi uma época vertiginosa. No escritório, priorizávamos a diversão: tínhamos mesas de pingue-pongue, as pessoas bebiam juntas e eram encorajadas a levar seus cachorros de estimação para o trabalho.

Fui para Nova York a trabalho, e lá tomei um porre tão épico que, vergonhosamente, perdi o voo para casa e me vi empacado na Big Apple sem dinheiro, sem passaporte, sem sapatos e sem amigos.

Lauren não gostou nem um pouco. Na verdade, à medida que a empresa crescia, nosso relacionamento afundava. Trabalhar e morar juntos era pressão demais. Temendo que Lauren fosse embora como minha mãe, muitas vezes eu a afastava emocionalmente. Precisei fazer terapia para resolver essa questão. E é óbvio que meu consumo constante e excessivo de álcool, bem como algumas ocasionais investidas nos jogos de azar, não ajudava. Além disso, eu tinha começado a ter um vício considerável no ansiolítico Xanax.

Se, de alguma maneira, fiz esse relato soar como os típicos anos de farra e bebedeira de um rapaz, por favor, tenha em mente que não se tratava apenas de fazer travessuras ou se sentir um pouco deprimido. Na maior parte do tempo, eu me encontrava em um lugar muito sombrio. Em alguns dias, ficava sozinho em casa bebendo três garrafas de vinho acompanhadas de comprimidos de Xanax. Às vezes, eu vomitava por causa de todos os venenos que botava para dentro. Aí, depois de passar muito mal e vomitar até a alma, bebia mais um pouco ou cheirava cocaína para ficar sóbrio e continuava bebendo, bebendo e bebendo.

Eu achava impossível não beber enquanto assistia a esportes. E, quando Sergio Agüero, do Manchester City, marcou seu famoso gol contra o Queens Park Rangers aos 48 minutos do segundo tempo para vencer a Premier League, fiquei embasbacado e consegui gastar 3 mil euros (basicamente até o último centavo que eu tinha no banco) em uma única tarde com apostas. Depois, me dando conta do quanto havia perdido, continuei bebendo para impedir que o medo se instalasse e para tentar me animar um pouco.

Quer eu estivesse comemorando, quer estivesse lamentando, me divertindo ou tendo uma noite tranquila em casa, quando eu ia a um show ou assistia a qualquer partida de futebol ou rúgbi, *sempre* havia uma desculpa para beber. As ressacas eram uma garantia de que eu lidaria com a depressão e a ansiedade depois. Como resultado, eu me escondia no quarto por vários dias seguidos, faltava a reuniões, cancelava compromissos, decepcionava amigos. Gastava todo o dinheiro que tivesse no bolso com meus inúmeros vícios e depois ficava falido a ponto de nem sequer poder colocar gasolina no carro e ir a uma reunião de trabalho. Eu não me emendava de jeito nenhum.

Em 2012, fomos adquiridos pela UTV, uma empresa de capital aberto, por 2 milhões de euros. Era uma fortuna. Comprei uma casa em Dublin e um Mercedes. Nunca fui muito de carros, mas por algum motivo achei que era isso que uma pessoa com dinheiro deveria fazer. Foi uma estupidez, mas era a situação em que eu me encontrava.

Foi nessa época que fiz algo que mudaria minha vida para sempre.
Nunca quis ter filhos. Acho que morria de medo de eles ficarem iguais a mim e não tenho certeza se gostaria de transmitir a alguma criatura o meu legado. Também me perguntava, considerando meu terrível histórico com relacionamentos e mulheres, se um dia seria capaz de manter um casamento de verdade e fazer toda aquela coisa que a sociedade parece achar normal. Aprendi a duras penas, por meio de experiências difíceis, que afasto as pessoas que me amam e tentam se aproximar de mim. Eu as rechaço emocionalmente por medo de me machucar.

Pode ser que eu sempre tenha sido assim. E tudo bem, fico feliz em minha companhia. No entanto, sempre suspeitei de que sou capaz de dar amor aos animais. É bem menos complicado, não é? Sempre me senti atraído por cães. Eu não era muito de fazer gracinhas para bebês humanos (embora tenha certeza de que eles são tão fofos quanto). Contudo, sempre fui o cara que atravessa a rua para afagar um amigo de quatro patas. Na verdade, durante anos sonhei em ter um cachorro. Achava que, se tivesse um, seria feliz e conseguiria lidar com qualquer coisa. E o momento parecia certo.

Assim, fui até a ISPCA, a versão irlandesa da RSPCA, a Sociedade Real para a Prevenção da Crueldade Contra Animais, uma entidade de resgate e acolhimento de cães, na intenção de adotar um dos cães resgatados. Sempre tive a forte impressão de que havia muitos animais indesejados no mundo, e, se eu pudesse oferecer um lar estável para pelo menos um deles, isso seria mais importante do que comprar um cachorrinho.

Quando cheguei ao abrigo, na mesma hora um husky impressionante chamou minha atenção. Eles são animais gloriosos e deslumbrantes, é lógico, de pelagem clara e olhos azuis. Entretanto, o cara da ISPCA (de um jeito sábio, quando penso em como foi) explicou que havia um cachorro que ele queria me mostrar, pois acreditava que seria perfeito para um tutor de cães de primeira viagem, e me levou a um dos canis para me mostrar um cachorro chamado Snoop.

Embora tivesse uma aparência muito menos extraordinária que a do husky, Snoop era um mestiço de labrador preto, de pelo curto e elegante e peito e focinho brancos. Disseram que ele tinha 2 ou 3 anos, mas acho provável que fosse um pouco mais novo que isso. De todo modo, Snoop me olhou com aqueles olhos castanhos enormes e um pouco tristes que pareciam implorar "Niall, me leva pra casa" e, sendo bem sincero, ele não precisou se esforçar muito para me convencer. Eu me agachei para cumprimentá-lo e fiquei encantado quando ele se aproximou cheio de confiança para me dar uma boa cheirada. Ele tinha um corpo robusto e mantinha a cabeça erguida como um nobre. Peguei sua pata grande e almofadada e a balancei um pouco.

— Como vai, Snoop? — perguntei com um sorriso de orelha a orelha.

E o descomplicado frisson de alegria que senti quando ele pareceu gostar da minha atenção iluminou minha alma. Senti uma comoção que não estava acostumado a sentir sem o uso das drogas ou do álcool — era felicidade.

Eu me apaixonei pelo Snoop no mesmo instante. Não precisei ver nenhum outro cachorro para tomar a decisão e, não, garanti ao funcionário da ISPCA que *muito obrigado, mas não preciso de mais tempo para refletir*. Simplesmente sabia no fundo da alma que lá mesmo, naquele abrigo para resgate de animais, tinha encontrado meu cachorro. Nós estabelecemos um vínculo num piscar de olhos e fomos feitos para ficar juntos. *Niall e Snoop. Snoop e Niall*. Eu não mudaria o nome dele; queria cada parte dele do jeitinho que era.

Assinei toda a documentação exigida pelo centro de resgate, paguei com prazer a taxa cobrada e saí de lá caminhando nas nuvens. Era um tutor de cachorro estupidamente orgulhoso conduzindo seu novo melhor amigo, que abanava o rabo cheio de alegria. Com toda a sinceridade, adotar Snoop foi a melhor decisão que tomei na vida até aquele momento.

Eu o coloquei no carro e já sentia que éramos uma equipe, o Snoop e eu. Mal podia esperar para levá-lo para casa e mostrar todas as coisas novas que havia comprado: uma caminha, uma bola, tigelas de comida. E ele não saía do meu lado, não porque fosse exigente ou grudento, e sim porque simplesmente ficava mais feliz sendo minha sombra. Era assim que as pessoas o descreviam, mas ninguém se importava, pois ele era muito bem comportado, educado e discreto.

Snoop ia comigo ao escritório, participava de reuniões e me acompanhava até quando eu saía para um encontro. Ele me estimulava a me exercitar: eu o levava quando ia pedalar, e fizemos uma corrida de 10 quilômetros atrás da outra pelos parques da cidade.

Snoop era como uma extensão de mim, um braço ou perna a mais, adorável, fofo e leal. Quando estava comigo, ele ficava feliz.

Não queria mais nada nem ninguém; estar ao meu lado o fazia andar de cabeça erguida, altivo. Sei que isso parece muito egoísta da minha parte, mas alguns cães são assim com seus tutores. Eles são os únicos animais que conheço que amam seus humanos mais do que a si mesmos.

Então, contanto que Snoop tivesse comida, água, uma caminha quente e a minha presença, se dava por satisfeito. Ele era o cachorro mais fácil e tranquilo do mundo e se tornou minha rocha absoluta, sem a qual eu não conseguiria viver.

Por algum tempo, minha vida ficou melhor. Snoop melhorou minha saúde mental, e àquela altura eu já tinha feito as pazes com Sean. O período que passamos sem nos falar me magoou mais do que eu gostaria de admitir. Ele é como o irmão que nunca tive na infância, então foi muito bom ter meu companheiro de volta. Nós dois admitimos que tínhamos cometido erros e estávamos ansiosos para retomar a amizade. Para comemorar, levei Sean e alguns amigos para fins de semana de muita festa em Berlim e Amsterdã. É óbvio que foi um momento muito divertido e cheio de piadas e gracinhas, como seria de se esperar de alguns jovens farreando. Contudo, não posso negar que paguei o preço depois daquelas bebedeiras.

Não se tratava mais de apenas amargar uma ressaca depois de um fim de semana de farra. Meu abuso de álcool e drogas tinha ido longe demais. Eu estava um farrapo, em uma condição verdadeiramente deplorável.

Enquanto outras pessoas conseguiam se recompor e tocar o trabalho e a rotina, eu continuava vergonhosamente estagnado, na mesma. Em âmbito privado, de maneira patética, eu me automedicava com mais álcool e drogas. Fechava a porta para o mundo e tomava ecstasy sozinho. As recaídas e a ansiedade estavam destruindo minha saúde mental.

Consciente de que precisava de ajuda, me consultei com um terapeuta e resolvi alguns dos problemas de rejeição que culminavam em padrões de dependência. Também comecei a tomar antidepressivos. Sabia que precisava mudar, impor certo autocontrole e quebrar o padrão de cair numa espiral descendente escuridão adentro. De alguma maneira, consegui me manter sóbrio por quase um ano e fundei um novo negócio de mídia e marketing, o site *Lovin' Dublin*, no qual escrevia sobre os restaurantes que visitava e outras coisas legais para fazer na cidade. Sempre fui de uma franqueza brutal ao avaliar os estabelecimentos recém-inaugurados mais badalados, e as pessoas pareciam gostar do fato de que, nas minhas análises, não havia enrolação nem papas na língua.

O site foi um sucesso descomunal, e nos quatro anos seguintes esse meu "guia de onde comer, beber e se divertir" ganhou franquias em outras quatro cidades, incluindo Manchester. Recebi muita atenção da mídia e fui convidado para falar em eventos públicos sobre meu trabalho e minha vida. Ah, se as pessoas na plateia soubessem minha luta interna. Eu ficava lá diante da multidão fingindo ser um cara superconfiante, contando vantagem, mas, por trás da bravata, era atormentado por uma baita síndrome do impostor. Sempre me senti uma fraude, como se não merecesse o sucesso.

No entanto, à medida que o negócio crescia, inevitavelmente crescia também a ansiedade, assim como as bebedeiras. No meu caso, esse sempre foi um padrão. Eu me mantinha sóbrio por seis meses ou mais, sentia que estava tudo sob controle. *Agora assumi as rédeas.* Então eu tomava uma cerveja. Dizia a mim mesmo que, se me limitasse à cerveja, ou se só bebesse nos fins de semana, nada de ruim aconteceria. Criei várias "regras para beber". Muitas pessoas que lutam contra a dependência alcoólica dizem a mesma coisa. Tentamos impor moderação, mas é uma substância extremamente viciante, e, para muitos, é difícil não deixar que as regras dominem seus pensamentos, o que significa que as recaídas são prováveis, quando não inevitáveis. Os jogos mentais consigo mesmo são constantes, e isso é exaustivo, até

47

que por fim se encontra um motivo para "ceder" a eles, o que sempre acontece.

Por duas semanas, as "regras" funcionaram, mas, como era de se esperar, voltei às farras e aos terríveis apagões que se seguiam à euforia. Um apagão acontece porque literalmente o cérebro chapado não consegue absorver mais nenhuma informação nova. Mais cedo ou mais tarde, quando a sobriedade volta e não há lembranças do que aconteceu, do que se disse ou de como se chegou em casa, bem, a paranoia é amplificada. É impossível pensar direito, tudo é transformado em catástrofe. O cérebro espanca o corpo e dá voltas e voltas, e é simplesmente horrível.

Apesar dessas farras e do caos na minha cabeça, de alguma forma eu conseguia ser funcional no trabalho, e meu site *Lovin' Dublin* estava se tornando um sucesso extraordinário. Contudo, nesse tipo de negócio, a pessoa pode chegar a desenvolver uma reputação decente e mesmo assim não gerar lucros consideráveis, e aos poucos fui torrando todo o dinheiro que ganhara com a venda da Simply Zesty.

É lógico que fiz boas aquisições, como a casa e o carro, mas também gastava fortunas nas noites de bebedeira com as contas de bar e apostas em jogos de azar. De qualquer modo, apostas são uma estupidez, mas a pessoa que se mete em jogatina quando está bêbada é a maior idiota de todas.

Meu saldo bancário estava se esgotando depressa, mas, para quem observava de fora, eu estava no auge, voando alto. Senti vergonha de admitir que meu dinheiro estava escoando. Tinha que fingir ser um empresário de sucesso, capaz de comprar coisas bacanas e pagar generosamente as refeições de amigos ou colegas de trabalho, quando, na verdade, depois de alguns anos, estava pelejando para conseguir juntar 5 euros e comprar um sanduíche no almoço ou um pacote de cigarros, ou até abastecer o carro o suficiente.

O site então ganhou franquias em Dubai e Manchester, e decidi me mudar e passar um ano na cidade inglesa para fazer o negócio decolar. Achei que seria benéfico mergulhar de cabeça por lá e me concentrar no trabalho.

Mas, meu Deus, foi uma época de muito sofrimento para mim. Consegui me manter sóbrio por um ano *(muito bem, Niall!)*, mas acabei sofrendo uma terrível crise de depressão muito debilitante, e senti uma frustração inacreditável. Parecia uma grande injustiça. Eu tinha feito tudo de acordo com as regras para me manter saudável: parei de beber; estava me alimentando bem; corria pelos parques e subúrbios de Manchester; e pedalava por trajetos longos, Snoop ao meu lado, na luta contra meu estado de ânimo sombrio, na esperança de que a endorfina proveniente do exercício físico entrasse em ação.

Acho que Snoop e eu corremos uns 16 mil quilômetros juntos durante esse período em Manchester. Eu sabia que a atividade física poderia ajudar em relação ao meu estado de ânimo, mas também havia aí um elemento egoísta, devo admitir. Achava que, se conseguisse cansar o pobre Snoop durante o dia, ele ficaria calmo mais tarde, durante a noite, caso eu me sentisse desesperado — o que acontecia com muita frequência.

Mesmo nos dias em que eu não conseguia nem mesmo correr nem caminhar — quando não estava bem o suficiente, nem do ponto de vista mental nem físico, para colocar um pé na frente do outro —, Snoop, graças a Deus, permanecia feliz e compreensivo. Juntos, contemplávamos as árvores, eu tentava respirar fundo, puxando bastante ar para os pulmões, na expectativa de sufocar a ansiedade debilitante.

No entanto, havia dias em que eu não conseguia nem mesmo sair da cama. Não queria ver ninguém, não conseguia trabalhar nem cozinhar. Qualquer mensagem que aparecesse na tela do celular, sobretudo se fosse relacionada ao trabalho, podia engatilhar minha ansiedade. Eu me preocupava se tinha feito algo errado ou chateado alguém. Não conseguia nem sequer me perder dentro de um livro para me distrair — ler na cama estava além da minha capacidade; só queria enfiar a cabeça debaixo das cobertas e chorar. Cada coisinha com a qual a maioria das pessoas lida todos os dias, ou mesmo de hora em hora, me parecia um grande desafio, uma montanha a escalar.

É óbvio que eu sempre me forçava a sair de casa com o Snoop para ele fazer as necessidades e garantia que não lhe faltasse comida e água, mas de alguma maneira aquele cão sempre sabia e era compreensivo quando, em determinados dias, isso era tudo que eu era capaz de fazer.

E o Snoop ficava deitado ao meu lado com toda a sua lealdade, sem dar um pio, enrodilhado em mim, me dando calor e conforto.

Ele fazia isso o tempo todo, sabia que eu precisava dele, e, naqueles dias, dentro do apartamento frio e solitário, teve uma paciência eterna comigo e com meu estado de espírito, esperando ao meu lado até os dias ruins enfim passarem.

Os cães são muito intuitivos. Da mesma forma que alguns podem ser treinados pela polícia ou pelo exército para localizar bombas ou até para farejar um câncer em humanos antes que os exames consigam detectar a doença, sempre achei que Snoop era capaz de perceber exatamente como eu me sentia e o nível de gravidade da minha depressão, além de estar lá ao meu lado para me acalmar e consolar.

Havia momentos em que eu sentia que não poderia estar com mais ninguém, mas a história era outra com Snoop. Para mim, bastava ele estar lá ao meu lado. Já era suficiente uma suave cutucada com o focinho, um olhar interrogativo, mas amoroso. Eu sabia que ele me amava.

Entretanto, ainda faltava algo na minha vida. *Por que não consigo me amar? Só quero me sentir normal. Por que não posso simplesmente ser normal?*

O clima de Manchester também estava me deprimindo. As pessoas ainda dizem que o tempo na Irlanda é que é ruim. Em uma certa noite especialmente horrível, eu estava caminhando sobre algumas poças congeladas e... *crunch!*... meu pé atravessou o gelo e se afundou na água lamacenta.

Puta merda.

Uma poça de lama parece algo muito ridículo e pequeno, mas foi a gota d'água.

Eu odiava minha vida. Odiava o clima em Manchester. Odiava minha empresa. Eu queria fugir de tudo aquilo. Queria morar em um lugar quente com o Snoop. Mostrar a ele o sol.

Vou me mudar para a Tailândia.

E adivinha? Foi isso mesmo que fiz.

4

O CHAMADO DA TAILÂNDIA

Embora sempre tenha sido um sonho antigo e uma ambição distante escapar da chuva melancólica para viver em um paraíso tropical, eu não fazia ideia que receberia um chamado da Tailândia. Como muitas das outras decisões que tomei na vida, foi o instinto que me trouxe para cá. Não foi, no entanto, uma questão de fechar os olhos e escolher um lugar aleatório no mapa.

A primeira vez que visitei a Tailândia para passar alguns dias de descanso ao sol foi no fim de 2015. Foi o antídoto perfeito para o inverno; nunca fui fã do Natal, e essa era uma ótima desculpa para fugir da temporada de festas de fim de ano, ainda mais porque eu não estava bebendo. Fiquei algumas semanas lá e me apaixonei pelo lugar. As areias mornas, a comida, a atmosfera descontraída, o sorriso contagiante dos moradores. Eu me senti em paz. Voltei para casa me sentindo saudável pela primeira vez na vida. Retornei no ano seguinte e fiquei um mês inteiro.

Adoro o fato de não haver regras por aqui. Nada de guardas de trânsito, nada de radares de velocidade. A Tailândia não é uma nação superprotetora. As pessoas fazem o que bem entendem. São muitos os estereótipos relacionados ao país, e, embora alguns deles ainda façam parte do estilo de vida tailandês, há muitos outros benefícios em viver aqui. Há um bocado de coisas para se fazer. Se quiser praticar ioga e comer em belos restaurantes veganos, você pode. Se quiser surfar ou percorrer trilhas na selva, também pode. O lugar tem de tudo, desde casas noturnas animadíssimas até o sossego da vida na praia. Na época, amei o fato de que as pessoas viviam sem fazer julgamentos e que não havia pressão para morar em grandes mansões e dirigir carros luxuosos. A vida parecia mais simples.

Comecei a pensar: *Por que não me mudo de vez para a Tailândia?* Eu me dei conta de que nada me impedia. Tratava-se de algo que eu queria mesmo fazer. Eu precisava de uma mudança. Já estava farto do Reino Unido, esgotado e estressado com a sobrecarga de trabalho, além de infeliz. Meu negócio estava indo bem, começando a decolar, mas eu tinha perdido o interesse. Meu coração já estava em outro lugar.

Só que eu não podia simplesmente largar tudo e fugir. A primeira coisa que precisava fazer era resolver a questão do *Lovin' Dublin*. Liguei para Emmet O'Neill, o principal investidor do negócio.

— Olha, quero cair fora — expliquei. — Sinto muito, mas já cansei.

Quando percebeu que eu estava falando sério e que não estava exigindo um caminhão de dinheiro, Emmet concordou com muita alegria. Vender publicidade em empresas de mídia social leva um tempo antes de você ver a cor do dinheiro. Ou seja, ele não teria que desembolsar uma fortuna para ser dono de um negócio com o potencial de um bom rendimento.

Pouco tempo antes, alguém havia se interessado em comprar o negócio, e nós tínhamos recusado a proposta por considerarmos que não era uma boa quantia. Emmet aceitou minha oferta de acordo, e, em apenas dez minutos, fechamos as linhas gerais da transação. Foi uma situação que funcionou muito bem para todos. E significava que eu estava livre.

Eu sabia que, depois de quitar algumas dívidas, nunca conseguiria me aposentar, mas com o dinheiro que sobrasse eu viveria com conforto na Tailândia por tempo suficiente para descobrir o que de fato queria fazer.

A primeira pessoa para quem liguei para contar a novidade foi Sarah, uma das redatoras do site. Por trabalharmos juntos, acabamos nos tornando amigos próximos, e eu quis compartilhar meus planos com ela. Sarah ficou surpresa com minha decisão repentina, mas também ficou animada por mim. Sempre houve uma leve atração romântica entre nós. Ela era uma morena absurdamente inteligente e espirituosa, com senso de humor sarcástico. Nós nos dávamos muito bem. Eu era mais velho que ela — estava com 39 anos, e ela, com apenas 25. Contudo, nos divertíamos juntos e, na mesma semana em que deixei o *Lovin' Dublin*, nos tornamos um casal.

Eu estava totalmente apaixonado por Sarah, para dizer a verdade. Contei a ela sobre os planos de ir para a Tailândia e viajar.

— Vou com você — disse ela. Foi meio que um romance relâmpago, e nós nos deixamos levar pelo impulso.

Ainda restavam algumas coisas a fazer, questões práticas do trabalho a serem finalizadas, festas de casamento de amigos às quais comparecer, e o Snoop teria que ficar sob os cuidados de amigos e parentes. Pela primeira vez desde que o acolhi eu não estaria a um raio de 2 metros do Snoop. Isso me preocupou um pouco, tenho que admitir. Contudo, eu tinha bons amigos que cuidavam de cachorros, então sabia que ele estaria em boas mãos.

Ao todo, levamos cinco meses para providenciar os preparativos da viagem. Voamos para a Tailândia e depois seguimos para outras partes incríveis do Sudeste Asiático, como Vietnã e Camboja. Nós nos divertimos muito admirando juntos essa parte do mundo, foi um momento de liberdade e tranquilidade na minha vida.

No entanto, em dezembro de 2018, quando chegamos à Tailândia, onde eu tinha planejado me estabelecer desde o início, os problemas no relacionamento começaram a aparecer. Fiz um breve voo de volta para casa a fim de buscar Snoop. Mal podia esperar para vê-lo explorando o lugar e se sentindo instalado em nosso lar definitivo na Tailândia, e, durante o primeiro mês, fiquei sozinho com ele enquanto Sarah resolvia pendências na Europa depois de nosso período de viagens. Contudo, assim que ela chegou para morar conosco, o relacionamento começou a desmoronar. Uma coisa era sonhar com uma vida futura juntos, mas no fim ficou evidente que viver juntos em um país estrangeiro era outra coisa bem diferente. A fase de lua de mel tinha terminado, e a realidade... bem, ela não era tão cor-de-rosa.

Sarah não gostou do lugar que aluguei, uma casa de dois quartos com uma pequena piscina nos fundos, e não conseguia se adaptar. Eu me dei conta de que, ao longo de muitos meses, eu sonhara em morar na Tailândia com o Snoop, na linda ilha de Koh Samui, que tinha visitado e adorado. O problema é que esse sempre fora *meu* sonho. Não era o sonho da Sarah, e, para falar a mais pura verdade, eu não a incluíra no cômputo geral das coisas. Foi muito fácil me apaixonar quando eu tinha acabado de vender a empresa e queria viajar pelo mundo. Havia sido algo despreocupado e tranquilo. Agora, no entanto, eu queria fazer da Tailândia meu lar para sempre — para mim e para o Snoop. E, para ser bem sincero, eu não sabia muito bem onde Sarah se encaixava nesse plano.

Por algum tempo, empurramos com a barriga e levamos as coisas adiante aos trancos e barrancos; juntos, começamos a criar um negócio de viagens, com foco em recomendações e guias de viagem ao redor do mundo, que fez muito sucesso; contudo, em março de 2020, quando a covid-19 deu as caras e virou o mundo de ponta-cabeça, Sarah e eu ficamos presos juntos numa convivência incessante. Não fazia sentido escrever sobre viagens quando ninguém tinha permissão para ir a lugar nenhum. Além disso, a Tailândia fechou as fronteiras e não havia a menor chance de ela pegar um voo de volta a Dublin ou qualquer outro lugar.

Como muitos outros casais em pânico no mundo inteiro, estocamos o máximo de bebida possível e atravessamos a pandemia rangendo os dentes de raiva, trancados com o Snoop. Posso afirmar que não foi nem um pouco harmonioso.

Houve muitos momentos de tensão e brigas. Mais uma vez, minha bebedeira saiu do controle — havia pouco a se fazer o dia todo além de beber —, e me lembro da ocasião em que uma Sarah furiosa despejou vinho no ralo da pia e, aos berros, disse que eu tinha que parar e que a bebida estava me matando. É lógico que, no fundo do coração, eu sabia que ela estava certa, e, ainda assim, tudo em que eu conseguia pensar, do meu jeito egoísta e adicto, era que só queria que ela fosse embora para poder beber em paz.

Com toda a sinceridade, foi um alívio para nós dois quando, em dezembro de 2020, as restrições de viagem foram suspensas e Sarah enfim pôde ir embora da Tailândia.

Depois que ela partiu, não fiquei feliz. Entretanto, havia muitas pessoas com quem beber, então eu dizia a mim mesmo que tomar umas e outras "me animaria" e me faria bem. Um alcoólatra sempre tem uma desculpa à mão, seja qual for a ocasião. Koh Samui é uma ilha apinhada de expatriados fugindo da vida, e sempre há alguém no balcão de um bar. É um lugar onde é fácil desperdiçar a vida ao sol. Se estiver bebendo cerveja logo pela manhã, ninguém questionará. Aqui sempre tem alguém de férias.

Nessa época, minha depressão estava terrível. Muitas vezes, as lágrimas escorriam pelo meu rosto sem motivo aparente. Comecei a comprar Valium com frequência: aqui, ter acesso a esse ansiolítico é a coisa mais fácil do mundo. Você pode simplesmente entrar na farmácia e comprar sem receita.

Pensando bem, eu estava em modo de colapso mental total, em autodestruição. Não conseguia nem sequer organizar meu jantar. Para alguém que um dia sentiu tanto orgulho de criar pratos e sabores, eu não dava a mínima. Não tinha o instinto de cuidar de mim mesmo e parei de me alimentar direito. Fazia questão de garantir a boa alimentação do meu adorado Snoop, mas quanto a mim? Simplesmente não me importava em nutrir meu corpo. O álcool era a única coisa em que pensava.

Eu acordava com uma ansiedade absurda, sentindo o coração bater num ritmo frenético no peito. Contava com o Valium para atropelar a ansiedade e me ajudar a funcionar um pouco e contava com ele para me fazer dormir de novo, se possível. No meio da noite, olhava para a tela do celular por duas horas seguidas — os resultados do futebol, as notícias da minha terra natal, as redes sociais. Qualquer coisa para me distrair dos pensamentos autodestrutivos e da bagunça na minha cabeça.

Comecei a beber de madrugada. Meu raciocínio era o seguinte: se eu acordasse, umas duas taças de vinho tinto poderiam me ajudar a dormir de novo. Naquela época era sempre tinto; eu tinha parado de beber vinho branco só porque o incômodo adicional de precisar mantê-lo fresco na geladeira era muito trabalhoso.

Todas as regras que eu tinha imposto a mim mesmo sobre o álcool — em relação a dias, horários ou quantidades — foram por água abaixo. Depois que Sarah foi embora, eu não estava nem aí se havia garrafas na minha cama ou espalhadas pela sala. E, sim, Snoop permaneceu sempre ao meu lado; ele nunca desistia de mim, jamais me abandonava. Estava sempre lá, os olhos arregalados, talvez um pouco preocupado comigo, inclinando a cabeça para o lado com uma expressão interrogativa, mas jamais me julgava, apenas permanecia ao meu lado com sua lealdade.

As pessoas costumam dizer que Snoop é um cachorro quieto, reservado e um verdadeiro cavalheiro. Ele não é superbrincalhão nem superfofo com outras pessoas, imagino. Contudo, Snoop sempre esteve comigo durante todos os momentos ruins, sentado aos meus pés quando eu estava infeliz. Ele consegue ler meus humores melhor do que ninguém. Nossa sincronia é tão bizarra que, quando estou deprimido, ele até faz uma coisa esquisita de estalar os dentes. Eu deveria usar isso como um aviso de que épocas sombrias estão a caminho e que preciso me preparar para o baque iminente.

Snoop e eu somos melhores amigos para sempre, e, naquele ponto da minha vida, parecia que ele era tudo o que eu tinha. Verdade seja dita, se não tivesse meu amoroso Snoop ao lado, talvez estivesse afundado num caos ainda maior. Ele nunca me julgou. Nunca desistiu de mim. Dia após dia, durante todo o período tenebroso, Snoop ficou lá comigo, com toda a paciência do mundo. Pelo visto, eu era péssimo em relacionamentos com mulheres. Snoop era a única criatura que me aturava.

Com a mente encharcada de álcool, eu não me incomodava de ter que voltar várias vezes à mesma loja para comprar mais e mais garrafas com a mesma pessoa. Se alguém desaprovasse meu comportamento, eu não daria a mínima. Já tinha ultrapassado o ponto de sentir vergonha. Nas ocasiões em que eu, caindo de tão bêbado, conseguia ter o discernimento de ir à loja de conveniência e comprar um estoque suficiente para que, quando acordasse, já tivesse mais bebida à mão, isso em si já era uma vitória, algo para dar um tapinha nas minhas costas. Em um intervalo de 24 horas, meu consumo poderia ser algo na faixa de dez latas de cerveja, quatro garrafas de vinho, uma garrafa de uísque tailandês, cinco comprimidos de Valium, mais uns quarenta e tantos cigarros Camel Light.

Sozinho e desesperado, eu tinha surtos constrangedores no X — o pior lugar de todos para esse tipo de colapso. Compartilhava fotos do meu apartamento — entulhado de garrafas vazias de vinho e uísque, latas de cerveja e cinzeiros transbordando, pacotes de chips e embalagens de barras de chocolate — com legendas desesperadas e dramáticas como "Esta é a cara do vício". Sem dúvida, era um pedido de socorro de um homem derrotado, solitário e deprimido. No entanto, eu me recusava a atender às ligações de pessoas preocupadas que viam as postagens e tentavam me ajudar.

Meus pais e amigos ficaram horrorizados e quiseram me dar uma força, mas eu me recusava a me comunicar com eles. E, por todas as restrições da covid, eu sabia que eles não conseguiriam pegar um avião e vir até mim. Sarah me ligava sem parar, preocupada com o que estava por vir, se oferecendo para voltar e me ajudar. Até mesmo terapeutas e profissionais — pessoas que eu nunca tinha visto na vida — entraram em contato comigo depois de ver minhas postagens alucinadas e imploraram para que eu procurasse ajuda. Eu ficava tão envergonhado com os desabafos no X que acabava ficando sóbrio por um tempo e tentava minimizar os estragos. No entanto, o fato é que meu estado era lamentável.

5

O FUNDO DO POÇO E A RECUPERAÇÃO

Em se tratando de problemas de dependência, talvez você já tenha ouvido a expressão "fundo do poço". Essa é a parte da "jornada" — se você quiser chamar assim — de um adicto em que ele se deixa arrastar para seu ponto mais baixo.

Na verdade, alguns centros de reabilitação postulam que não se atinge o fundo do poço até que se esteja, literalmente, à beira da morte. Quando seu corpo já desistiu da vontade de viver e até mesmo seus leais e obedientes órgãos internos — em decorrência de meses, anos ou décadas de abusos — enfim penduram as chuteiras, tiram o time de campo e interrompem as tentativas de mantê-lo vivo. Eles já não aguentam mais. E a ceifadora sinistra está batendo à sua porta.

Esse era o estado em que eu me encontrava quando cheguei ao meu fundo do poço, na véspera de ano-novo de 2021.

Cada bebedeira e cada leva de caixas de Valium era emendada na seguinte. Eu estava cansado de toda a barulheira que rodopiava na minha cabeça. Sentia-me fracassado por ter terminado com Sarah e por permitir que a bebida e minha constante vontade de ficar chapado e fora de mim destruíssem meu relacionamento.

Coloquei a bebida, as drogas e as minhas necessidades egoístas à frente das necessidades de Sarah. À frente de tudo.

Eu me humilhava e fazia papel de idiota no X, relatando o inferno em que me encontrava — é óbvio que eu estava um caco, mas depois me enclausurava em uma tortura mental por ter contado minhas cagadas ao mundo inteiro. Na metade do tempo, eu não conseguia parar de chorar. Ficava sentado sozinho em um bar com lágrimas escorrendo pelo rosto. As pessoas me incentivavam a sair um pouco. *Junte-se a nós! Venha se divertir! É Natal!* No entanto, eu não estava em condições de socializar; estava doente. A única coisa que queria era beber sozinho em casa até desmaiar. Depois acordar e beber de novo.

Na minha terra natal, as pessoas estavam preocupadas, e eu sabia disso. Elas me incentivavam a ir visitá-las: a família na Irlanda do Norte ou os amigos em Dublin. Contudo, como a covid ainda estava em vigor, viajar era muito problemático. Eu não tinha condições de organizar minha mente destrambelhada para pensar em passaportes e vistos.

Por fim, concordei em passar um tempo com alguns amigos aqui na Tailândia. Morritz, um colega expatriado, me convidou para um jantar agradável e civilizado em sua *villa* na véspera de Natal (muitos dos meus amigos eram europeus, e essa é a tradição por lá). Como amigos, me refiro às pessoas com quem fiz amizade sobretudo jogando futebol. No jantar, suas respectivas parceiras também estariam presentes.

Dirigi até a casa dele me sentindo doente, nauseado e ansioso só de pensar em ter companhia. Para me acalmar, antes mesmo de sair do meu apartamento, tomei algumas cervejas. Depois, peguei uma garrafa de Coca-Cola e descartei quase todo o refrigerante, deixando apenas um pouco. Completei o restante da garrafa com uísque tailandês. Isso porque eu sabia que, durante uma parte da tarde, as pessoas estariam ao ar livre, curtindo o dia e as festividades, e as bebidas alcoólicas só seriam servidas mais tarde. E sabia que não seria capaz de aguentar esse pequeno intervalo sem um pouco de ajuda. Assim, enquanto os amigos conversavam cheios de alegria, eu tomava uns goles da minha "bebida especial".

Graças a esse uísque, consegui vencer a primeira hora, mais ou menos. Depois, felizmente as pessoas começaram a servir gim--tônica, e eu, lógico, me esbaldei antes do início da refeição.

É óbvio que, por causa do uísque secreto, fiquei muito bêbado em pouquíssimo tempo. *Oops.* Antes mesmo de servirem as entradas eu já sabia que estava em apuros. Algumas pessoas começaram a me encarar de um jeito estranho enquanto trocavam olhares. Isso só fez piorar a minha paranoia. Meu Deus, eu estava de porre. E muito consciente disso. Simplesmente não conseguia me controlar no meio de todas aquelas pessoas normais, felizes e bem-sucedidas numa reunião social civilizada.

Tentei conversar com os convidados. Contudo, as lágrimas começaram a rolar, como acontecia com muita frequência, sem motivo aparente. Eu estava cambaleante, falando arrastado e derrubando coisas. O fato é que estava *muito* embriagado. Eu me levantei da cadeira para ir ao banheiro, caí e bati o rosto. Não causei nenhum dano, graças a Deus, só desabei estatelado no chão.

As pessoas perceberam que aquilo não era engraçado. Ninguém riu. Elas se levantaram de um salto para me ajudar, a preocupação estampada no rosto.

— Meu Deus, precisamos levar você pra casa. — Eu me lembro de alguém dizer. Morritz me acompanhou até um táxi. Ele é um cara muito legal. Nunca teria lhe ocorrido que eu tivesse passado o dia inteiro enchendo a cara até ficar como estava. Tenho certeza de que sua mente inocente jamais teria imaginado meu nível de depravação.

Mesmo naquele estado lastimável, ainda dei um jeito de fazer o taxista parar na loja de conveniência para comprar mais bebida, porque eu sabia que, se não desmaiasse naquela noite, algumas horas mais tarde acordaria ávido por mais birita.

Não sei direito o que aconteceu em seguida. Acho que fui dormir, acordei e ingeri mais vinho. Tomado ainda mais pela ansiedade, ingeri mais Valium. Devo ter ficado encantado comigo mesmo por ter comprado a bebida com antecedência. *Você é esperto pra caralho, Niall.* Estava rodeado por uma grande taça de vinho, uísque, garrafas de cerveja e cinzeiros transbordando. *Parabéns pra mim.* Eu sempre tomava uma quantidade suficiente de Valium para acreditar que não estava prestes a morrer.

Meu objetivo era beber até a inconsciência chegar como uma fuga misericordiosa. Acho que eu não tinha a intenção real de dar fim à minha vida ou algo assim, mas parecia que eu estava tentando beber até morrer. A sensação era de que, se bebesse litros e litros, simplesmente não acordaria na manhã seguinte, e tudo bem. Eu estaria em um lugar melhor.

Continuei nessa bebedeira pelos cinco ou seis dias seguintes, até que, certa noite, convencido de que estava morrendo, mas com muito medo de morrer sozinho, e paralisado de medo e ansiedade, liguei para Morritz e implorei que ele me buscasse e me levasse a um hospital particular. Mesmo naquele estado, eu sabia que não fazia sentido ocupar o hospital público, que atendia o público geral. Eu tinha dinheiro no banco e pagaria qualquer quantia só para que eles me deixassem entrar e me dessem alguns remédios.

De início, a equipe médica hesitou em me aceitar. Todos olharam para mim desconfiados, conversando entre si aos sussurros. Um deles sugeriu que eu deveria esperar até que a unidade de dependência de álcool abrisse na semana seguinte. Talvez meu bronzeado tailandês estivesse me dando uma aparência mais saudável do que o real. Não havia como negar, entretanto, que eu era um farrapo humano soluçante, trêmulo e fedorento.

— Este homem precisa de ajuda urgente. Agora! — insistiu Morritz. Eu me senti grato por sua autoridade objetiva e germânica naquele momento.

Como era de se esperar, eles me levaram para um leito num quarto da unidade de terapia intensiva. Fui conectado a todos os tipos de fio, tubo e monitor, e então uma enfermeira entrou empunhando a maior agulha que eu já tinha visto na vida e espetou minha perna com uma injeção de um poderoso sedativo. Recebi um coquetel de comprimidos para ajudar com a abstinência de álcool.

Morritz se ofereceu para ficar comigo, mas não aceitei. Era véspera de ano-novo, ele deveria estar se divertindo, e eu não queria arrastá-lo para aquele lugar. Ele me prometeu que, na minha ausência, o Snoop seria bem cuidado; então eu não tinha mais nada a fazer a não ser enfrentar todo o martírio que estava por vir.

Eu não desejaria nem ao meu pior inimigo as 48 horas que se sucederam. Apesar dos sedativos, não conseguia dormir direito e, quando pegava no sono, tinha alucinações horríveis em que meu amado Snoop comia chocolate e morria envenenado. Eu sabia que ele estava sendo bem cuidado por amigos que adoravam cachorros, mas as imagens eram realistas e intensas demais.

Minha paranoia era total. Toda vez que eu ouvia um barulho, pensava que era a polícia vindo me prender por causa do Valium que eu tinha comprado. Embora na Tailândia o medicamento não exija receita médica para ser comercializado, eu não tinha certeza se era 100% legal. Eu me preocupava com qualquer coisinha, e minha cabeça transformava um copo de água em tempestade.

Em contraste com os fogos de artifício que estouravam e crepitavam do lado de fora e com os festeiros alegres que, aos gritos e risadas, davam boas-vindas ao novo ano, eu estava deitado e tremendo na roupa fina de paciente de hospital, conectado a monitores e suportes para soro. Fechei os olhos para as frestas da vida externa que, da minha cama, eu conseguia vislumbrar pela janela. E tive dúvidas se conseguiria sobreviver.

Eu estava tão mal que nem sequer tive condições de levar um carregador de celular comigo para o hospital (nem uma cueca extra) e, como a fuga para o sono simplesmente não estava acontecendo, só me restava ouvir o *bipe, bipe, bipe* do meu monitor cardíaco e o ruído do lento avançar dos ponteiros do relógio, *tique-taque, tique-taque*. Tudo o que me restava era torcer para que o tempo passasse até a próxima injeção de sedativo. Além disso, ainda estava recebendo soro e sendo instigado a beber água. Eu mal conseguia tomar dois dedos de líquido, mas continuei tentando. Mordiscava um pouco de melão, engolia um bocado de iogurte, mas comer era quase impossível. Até mesmo uma ida ao banheiro era como correr uma maratona: as pobres enfermeiras tinham que me desprender dos tubos de soro, e eu precisava me preparar por meia hora para tentar ir.

Quando ficou evidente que eu estava fraco demais para tomar banho sozinho, as enfermeiras tiveram que me ajudar. Senti um constrangimento profundo por estar lá, pateticamente nu, e também não deve ter sido legal para elas ter que lavar um alcoólatra fedorento e trêmulo. Fechei os olhos e quis morrer de vergonha.

Depois de 48 horas na UTI, os médicos enfim consideraram que eu estava bem o suficiente para ser colocado em um quarto ao lado da enfermaria principal. É lógico que ficar deitado por tantas horas me proporcionou muito tempo para pensar na vida. Além da minha família, algumas pessoas queridas e o Snoop, nada mais fazia diferença para mim: ser chef, criar e vender empresas, aparecer na mídia, ganhar prêmios — todas coisas que eu achava importantes e pelas quais passei tanto tempo trabalhando. Quando chegou a hora da verdade, me dei conta de que nada disso tinha significado para mim.

Concluí que não estava pronto para morrer. Eu queria viver. Tinha que fazer meu tempo valer a pena. Quer merecesse, quer não, eu estava recebendo uma segunda chance e jurei que da próxima vez faria diferente...

Depois de ficar internado no hospital, decidi tirar um ano de folga. Era hora de focar em mim e na minha reabilitação, em todos os sentidos da palavra. Contudo, a recuperação foi um processo muito lento. Depois de passar um quarto de século trabalhando e bebendo o tempo todo, meu cérebro estava frito.

Eu tinha certeza absoluta de que estava mesmo farto do álcool para sempre. Meu feio e longo relacionamento com a bebida tinha acabado, e de agora em diante eu não me deixaria arrastar de volta pela tentação. Fazia longas caminhadas com Snoop, deixando-o cheirar flores e me acompanhar enquanto eu passeava pela selva; saboreava o pôr do sol e a sensação de areia entre os dedos descalços; lia livros e navegava na internet à procura de respostas sobre a vida sugeridas por pessoas mais sábias do que eu.

Uma das coisas que de fato me marcou foi o famoso discurso de formatura que o formidável Steve Jobs, hoje já falecido, fez em 2005, na Universidade de Stanford, em que disse: "Lembrar que estarei morto em breve é a ferramenta mais importante que encontrei para me ajudar a fazer grandes escolhas na vida."

A declaração pareceu certeira para mim. Depois de encarar a morte frente a frente, eu sabia que, em qualquer coisa que decidisse fazer a seguir, fosse o que fosse, eu teria que colocar todo o meu coração e a minha alma. Já havia desperdiçado muitos anos.

Eu sabia que um dia estaria de volta a uma cama de hospital, dando meus últimos suspiros, e tudo bem. A vida é assim. A única coisa importante era fazer o tempo que me restava valer a pena.

Não descobri da noite para o dia, contudo, de que modo faria a diferença no mundo. Levei um ano inteiro de recuperação — primeiro deitado naquela cama de hospital, observando os minutos passarem de maneira dolorosa e devagar até o sedativo seguinte — para mapear uma missão e encontrar a vocação da minha vida. Eu estava fraco e precisava aumentar aos poucos minha força física e mental. Se pudesse dar um conselho a qualquer pessoa que esteja lutando para se recuperar de um vício, eu a incentivaria a viver um minuto, depois uma hora e depois um dia de cada vez. Se você passou décadas maltratando seu corpo e se culpando mentalmente, não pode esperar se recuperar em uma semana.

Sei que sou muito privilegiado, porque tinha dinheiro para me sustentar, e viver na Tailândia é até certo ponto barato. Não tenho uma parceira nem filhos. Somos só eu e o Snoop. Reconheço que um pai ou uma mãe solo, que precise trabalhar para se sustentar enquanto luta contra um vício, não dispõe desses luxos.

Eu tinha condições de comprar e fazer uma comida boa. Tinha recursos para me comprometer a ser saudável, correr, pedalar, nadar no mar, receber massagens e tratar meu corpo com respeito e amor, em vez de abuso e vergonha. Amigos bem-intencionados foram gentis e me convidaram para participar de eventos como noites de jogos de tabuleiro, onde não haveria nenhuma pressão para beber, mas eu achei mais fácil parar de socializar por um tempo considerável. Nunca recaí em velhos hábitos, graças a Deus. Sei que nunca mais vou ter uma recaída. O susto da UTI foi muito real.

No dia a dia, ao contrário de outras ocasiões na vida em que fiquei sóbrio por vários meses — e uma vez por um ano inteiro —, eu sabia que agora tinha abandonado a bebida de vez. Durante muito tempo, tive que evitar certos gatilhos, como assistir a qualquer tipo de partida esportiva, o que sempre associei a ter uma cerveja na mão. Conviver com certos grupos de amigos, me sentar em bares — tive que tirar tudo isso da equação até saber que de fato estava forte o bastante.

Uma das coisas que mais me acalmavam durante esses meses era fazer longas caminhadas na selva. Respirar o ar fresco, olhar para as árvores balançadas com suavidade pelos ventos quentes, tudo isso ajudava a diminuir a ansiedade e desanuviar minha mente. Isso me fazia sentir vivo e cheio de gratidão por ainda estar neste planeta. Pode até parecer algo irritantemente hippie, mas é a verdade. Koh Samui é um lugar muito especial, uma ilha tropical repleta de beleza e maravilhas. E eu tinha a sorte de morar aqui.

Agora penso nas coisas tolas com que costumava desperdiçar dinheiro e me sinto um bobalhão. Adoro o fato de que, aqui, meu guarda-roupa inteiro consiste em dez pares de shorts e dez camisetas, tudo comprado no mercado local, três pares de chinelos e cuecas boxer. Tenho dois moletons com capuz para a estação chuvosa em novembro e dezembro, e é só. É tudo o que quero e não preciso de mais nada.

Eu sabia que tinha tomado a decisão certa ao me mudar para cá a fim de viver na simplicidade com o Snoop, vê-lo brincar no mar e correr na areia ao meu lado. E finalmente me sentia livre.

6

LUCKY: A SOLITÁRIA QUE COMEÇOU TUDO

Agora que eu estava sóbrio e tinha Snoop como companhia, comecei a me interessar mais por cães e, em especial, pelos que foram abandonados. Na Tailândia, há milhões deles pela rua. São dezenas de milhares só na ilha de Koh Samui, e, a menos que se tenha estado aqui ou assistido a alguns vídeos, pode ser difícil imaginar a proporção ou ter uma ideia da quantidade de vira-latas vagando por aí.

Os cães são encontrados na maioria das esquinas, na porta das lojas e em qualquer área onde os humanos morem. Normalmente, cada cachorro fica em sua respectiva pequena área, num raio de cerca de 100 metros. Então, se você parar de ignorar os cães, é fácil identificar que são sempre os mesmos em determinada região.

Toda vez que eu via um cachorro magnífico, sentia uma mola extra acelerando meu passo. Meu adorável e leal amigo Snoop estava me esperando em casa, e eu não conseguia ficar sem ele. Entretanto, os cães de rua me iluminavam por dentro e me faziam sentir vivo. Eu atravessava a rua ou estacionava a scooter só para cumprimentá-los. Um tapinha, umas carícias na barriga, um rabo abanando — a melhor terapia do mundo. Meu celular estava sempre cheio de fotos de cachorros — e, a cada duas, uma era de um filhote. Eu não sabia ao certo quantos deles sobreviveriam. Em alguns casos, era de partir o coração ver a situação precária em que se encontravam. Infestados de pulgas e vermes, infectados com carrapatos, muitas vezes parecendo feridos, mancando. Em geral, os ferimentos eram causados por atropelamentos, brigas entre si na luta por comida ou até mesmo por ataques de cobras.

Contudo, apesar da vida difícil que levavam, a vontade de viver e o espírito deles eram surpreendentemente inquebráveis. Vez ou outra, um cachorro se aproximava de mim, mancando e com um ferimento horrível, e ainda assim era capaz de me encarar com olhos arregalados e curiosos, repletos de amor e confiança, e de alguma maneira encontrava forças para abanar o rabo.

A maioria deles formava pequenos bandos, se unindo para ter companhia e se proteger de outros cães e talvez até de humanos malvados. Todos são vira-latas sem tutores: alguns devem ter sido abandonados à própria sorte porque ficaram doentes e as pessoas não tinham condições de pagar as despesas do veterinário; outros nasceram e foram criados nas ruas e nunca atraíram o interesse de ninguém.

Para os cães na selva, a vida é ainda mais dura. Alguns são expulsos das matilhas e vivem ao deus-dará nas imediações de barracos de trabalhadores migrantes, onde tentam conseguir restos de comida dos humanos e estar perto de um riacho para beber água. Não é que os nativos sejam cruéis, mas a maioria das pessoas aqui não tem muito dinheiro para alimentar a si mesma e a própria família, muito menos para dar de comer aos cães. As pessoas simplesmente aceitam a presença dos cachorros, contanto que os bichinhos se virem sozinhos.

De início, eu não tinha um plano grandioso, mas, notando que os cães eram quase sempre frágeis e famintos, comecei a comprar alguns sacos de ração seca para alimentá-los. No mercadinho local, um saco de ração dos grandes custa 500 bahts (cerca de 15 euros), e comecei a espalhar os grãos em montinhos no chão ou colocá-los dentro de uma casca de coco velha ou uma folha de palmeira, e os cães os devoravam agradecidos. Era como se mal pudessem acreditar na sorte de receber comida sem precisar procurar.

Apenas alguns dias depois de colocar o plano em ação, percebi que os cães começaram a me esperar assim que ouviam o motor da motoca.

— Oi, amiguinhos! — dizia eu com um sorriso, assistindo-os pular nitidamente felizes em me ver. Os cumprimentos eram calorosos e incondicionais. Eu me dei conta de que seria horrível não aparecer no dia seguinte, se quebrasse a rotina e eles ficassem me esperando em vão. Imaginei os rostinhos abatidos, arrastando na lama. Eu não queria decepcioná-los.

Continuei comprando mais ração para eles e, depois de uma semana, percebi que já estava em total comprometimento com os cães de rua — além disso, eu estava muito feliz por me sentir útil e querido. Depois de anos carregando o sentimento de que não passava de um desperdício de espaço, acho que isso foi pateticamente gratificante.

No começo, a coisa toda só levava uma hora por dia e era tudo muito divertido, simples e, ainda assim, incrivelmente recompensador. Pela primeira vez em muito tempo, senti uma alegria concreta na companhia descomplicada dos cães. Depois, comecei a sentir um contentamento genuíno. Pelo menos metade dos cães estava interessada não só na comida que eu trazia como também no carinho, e eles queriam que eu me sentasse para brincar. Alguns eram tímidos, mas logo se aproximavam.

Por causa do meu relacionamento com o Snoop e por gostar de cães, sempre me senti à vontade perto deles, e, por sua vez, eles ficavam relaxados perto de mim. Quando se fica nervoso e tenso na presença de um cachorro, ele percebe, fica estressado e acaba latindo, razão pela qual, eu presumo, nem todo mundo morre de amores por cães. Contudo, para ser sincero, isso também acontece em relação aos humanos. Uns 99% deles são incríveis, mas sempre tem um estranho no meio...

A ração não era cara, mas descobri que comprar a granel, em uma loja atacadista, e não no mercadinho local, era muito mais econômico. Isso significava que mais bocas famintas poderiam dormir com a pancinha peluda cheia. Então, comecei a acrescentar mais cães à minha ronda, porque não fazia sentido voltar para casa carregando sobras de ração e era muito fácil encontrar cães famintos que ficavam gratos pela comida e pela atenção. Nessa fase, o mais difícil era saber que havia outros cães com fome e sentindo-se solitários e ter que lutar contra a tentação muito concreta de levar alguns dos mais frágeis para casa comigo todos os dias.

Havia uma cadela específica, uma menina ágil e graciosa com pelagem caramelo e orelhas pontudas e alertas, que mexeu profundamente comigo. Eu tinha começado a jogar futebol toda semana com alguns amigos. Era bom me exercitar com os caras, tentar me manter no caminho certo do ponto de vista físico e mental, bombear endorfina e limpar as teias de aranha.

Eu voltava para casa na minha scooter, bem cansado depois de mais uma de nossas peladas, quando a vi pela primeira vez.

Ela estava na beira da estradinha, com a aparência um pouco frágil, como se as patas fossem um pouco compridas demais para o corpo, embora já não fosse um filhote. A pele estava comprometida, com feridas recentes, cicatrizes mais antigas e algumas áreas sem pelo. Era visível que se metera em brigas com alguém maior que ela. No entanto, apesar disso, quando desliguei a scooter para dar uma olhada, ela pareceu muito contente por eu estar parando para dizer olá. Abanou o rabo ansiosamente, a boca relaxou e os olhos reluzentes esbanjaram curiosidade.

Sem dúvida aquela cadela estava morrendo de fome e abaixo do peso, mas ficou evidente que ela precisava de um pouco mais de ajuda do que apenas um bocado de ração para se recuperar. Ela sustentava meu olhar com uma expressão inquisitiva, quase desconcertante para um cachorro, como se pudesse ver minha alma. Intrigado, voltei nos dias seguintes. Reconheci nela uma espécie de "alteridade", uma postura mais reservada em relação à matilha.

Toda vez que eu chegava, ela devorava qualquer comida que eu oferecesse no mesmo instante, mas sempre parecia ter mais fome de amor ou afeto, com uma expressão de ligeira súplica. Ela pedia um pouco de atenção e carinho antes de se lançar sobre a ração. Também notei, com tristeza, que todos os outros cães a evitavam ou a provocavam, rosnando ou latindo para ela, e a cadelinha era, por natureza, uma verdadeira solitária. Esse era um comportamento com o qual eu me identificava, embora parecesse mais incomum em caninos.

Apesar de tudo, viver sozinha na selva, sem uma matilha para protegê-la ou lhe fazer companhia, parecia ser uma escolha dela. No entanto, quando ela me encontrava, ficava evidente que amava os humanos e tinha uma natureza calorosa e receptiva. Eu queria poder saber mais de sua história, ou ser capaz de lê-la naqueles olhos pretos inteligentes. De início, a única coisa em que conseguia pensar era tentar fazê-la ganhar um pouco mais de peso, pois estava preocupantemente magra, e todos os seus ossos estavam visíveis. Engordá-la, entretanto, não foi fácil, pois ela não ia ao meu encontro todos os dias.

Além de solitária, ela era meio esquiva. Logo me vi esquadrinhando as trilhas, os arbustos e a vegetação da selva de Koh Samui em busca do pelo claro e da silhueta orgulhosa e independente. Na ocasião em que passei quatro dias seguidos sem nem sinal dela, fiquei preocupado. Será que algo tinha acontecido? Teria sido aquele nosso encontro a última vez que eu a vira? Eu me senti idiota por me apegar tanto a uma cachorra de rua aleatória. Depois de procurar em todos os lugares habituais, já estava desanimado e comecei a arrumar as coisas para ir para casa e ficar com o Snoop, quando de repente ela apareceu saltitando na esquina de um barraco, feito uma pequena visão dourada, um anjo.

Minha menina favorita estava de volta! Para ser sincero, acho que meu coração disparou de alegria, de tão feliz que fiquei ao vê-la. Sei que não deveria ter favoritos, mas ela logo se tornou a minha predileta. Eu me senti estupidamente comovido, porque ela parecia tão feliz em me ver quanto eu me sentia por tê-la encontrado de novo. Verifiquei seu estado físico enquanto lhe dava a última porção do saco de ração que vinha guardando só para o caso de ela aparecer.

Notei que ela estava com alguns ferimentos, resultantes do que quer que tivesse aprontado. Apesar de estar faminta e dolorida, ainda assim ela quis brincar, como sempre. Joguei um punhado de ração no ar, e ela saltou com destreza para abocanhar os grãos. Ela rolou de costas com a língua para fora, como se dissesse "Por favor, minha barriga precisa de carinho". Eu ri e fiz uma grande bagunça com ela. Ter que me despedir no fim daquele dia foi muito difícil.

— Volto amanhã — prometi. — Você vai voltar pra me ver, não vai, menina linda?

Eu esperava que ela voltasse. Mantive minha palavra e a visitei todos os dias. Nos dez dias seguintes, ela apareceu em cinco. Determinado a aumentar seu peso e sem saber quando ela daria as caras de novo, eu sempre lhe dava porções bem generosas de comida e fiquei feliz em notar que ela estava pelo menos começando a parecer menos esquelética.

Há tantos cães aqui em Koh Samui que é difícil dar nome a todos, mas postei algumas fotos e vídeos dela em minhas contas do X e do Instagram, e alguém no X chamado Ivor sugeriu o nome Lucky… combinava perfeitamente, já que ela era mesmo sortuda. Também era sossegada e despreocupada por natureza, e tivemos muita sorte de nos conhecer.

Eu estava desesperado para ajudá-la mais, sabia que alimentá-la era só uma medida de curto prazo. Contudo, não era especialista no tratamento de animais e não sabia o que seria melhor fazer em seguida. Minha mente, sempre um lugar atarantado, começou a rodopiar em meio a um turbilhão de ideias. Eu sabia que não poderia acolher todos os pobrezinhos que via nas ruas, já que havia vinte outros iguais a Lucky em estado similar de abandono. Era evidente que eu tinha me apegado a ela, mas precisava ser rigoroso comigo mesmo e encontrar uma solução melhor e mais prática para ajudar um número maior de cães.

Eu não podia pegar a cachorra no colo e levá-la comigo para casa. Não que eu achasse que Snoop se importaria, porque ele é o sr. Tranquilão. É que Lucky jamais se sentiria à vontade vivendo em uma casa humana, isso estava óbvio desde o início. Ela era uma criatura acostumada a fazer as próprias coisas e seguir o próprio caminho na vida. É assim que os cães de rua sobrevivem aqui há décadas. Eles não são como os animais domesticados que temos em casa; são mais resilientes porque tiveram que se defender sozinhos por muito tempo. Eles são bem durões, pois nunca dependeram de humanos. Estão acostumados com a liberdade, com os territórios que ocupam. É provável que os trancar em uma casa e esperar que se sintam felizes com uma caminhada diária feito um animal de estimação fosse ser angustiante para muitos desses cães, porque iria contra seu instinto natural.

Pode não fazer sentido para você e para mim, mas as ruas e a selva são o lar desses cães, e é provável que eles prefiram isso a uma cama confortável dentro de uma casa, porque é o que conhecem. Eles têm a própria rotina e as próprias fontes de comida e água, e em geral são mais felizes em seus habitats naturais.

Sendo assim, eu não podia simplesmente levar Lucky para casa e esperar que ela vivesse em paz comigo. De qualquer maneira, eu queria tentar encontrar um bom lar para ela aqui na selva, um lugar onde houvesse alguma proteção contra as intempéries e outros perigos. Decidi que poderia pelo menos vaciná-la contra as doenças mais comuns e preveníveis e curar os ferimentos mais leves em seu pelo caramelo. Também poderia castrá-la, para que ela não tivesse que lidar com filhotes, e comprar uma coleira com uma plaquinha de identificação. Um sinal, para Lucky e para todos os outros, de que ela era uma cachorra com quem alguém se importava.

Talvez fosse um tremendo desafio, pois eu não tinha ideia do que Lucky pensaria a respeito, mas essa menina valia a pena, e eu sabia que, no longo prazo, isso a ajudaria a se manter segura.

Não sou uma pessoa mística, do tipo que tem interesse pelo destino e coisas assim. Pelo menos não costumo ser. Contudo, senti que meu encontro com Lucky foi obra de um acaso fortuito e feliz e que seria o início de um novo capítulo para ela. Eu me ajoelhei para ficar no mesmo nível dela, estendi a mão e, como ela aprendia rápido, me ofereceu a pata e inclinou a cabeça com uma expressão curiosa. Tive a sensação de que estávamos firmando um acordo. Como se ela me dissesse: "Prazer em te conhecer, Niall, vamos fazer isso juntos." Talvez não fosse um novo capítulo apenas para ela, e sim para mim também.

Eu achava que, em teoria, meu plano era ótimo, mas levei quase uma semana para começar a colocá-lo em prática. Fui até um pet shop local e comprei uma coleira para a Lucky, um modelo em tons bem vivos de laranja e amarelo, o que a tornaria mais visível e fácil de encontrar, pensei. A coleira também tinha um sininho, para que eu pudesse ouvi-la chegando.

Em primeiro lugar, treinei-a em seu ritmo para andar com a guia, subindo e descendo um trecho de estrada na selva. Ficou evidente que isso era uma novidade para ela, mas, graças a Deus, Lucky parecia disposta a tentar, me olhando em busca de aprovação.

— Boa menina, Lucky! — eu dizia para lhe passar confiança. E ela não se opôs nem um pouco quando prendi a coleira em volta de seu pescoço.

Eu não tinha ilusões em relação às minhas chances de transportá-la com segurança na scooter, então pedi a um amigo que me emprestasse seu carro, e Lucky deixou que eu a acomodasse na traseira do veículo. De início, ela parecia nervosa, tremeu um pouco, mas deu a entender que sabia que eu estava tentando ajudá-la e confiava que eu não era o inimigo. Eu sabia que não havia surto de raiva na ilha de Koh Samui, então não tinha medo disso, mas me preocupava um pouco a possibilidade de pulgas ou carrapatos. Simplesmente não sabia o que esperar e o que poderia acontecer ao tentar levar um cão de rua selvagem ao veterinário.

Quando chegamos à clínica veterinária, Lucky ficou feliz da vida de descer do carro. Sem dúvida, a veterinária que nos atendeu estava revirando os olhos por dentro e pensando: Quem diabos é esse branco maluco trazendo um cão de rua pra mim? Entretanto, seu inglês periclitante e meu tailandês básico não serviam exatamente para uma discussão aprofundada sobre o assunto.

Não era a primeira vez que a veterinária se via diante de um cão de rua em seu consultório. Muito antes de eu aparecer, já havia instituições de caridade trabalhando com cães abandonados, e às vezes alguns expatriados ou estrangeiros de férias se apiedavam de animais feridos e os levavam para receber atendimento profissional. No fim das contas, o trabalho dos veterinários é ajudar os animais, e ali estava um cão que precisava de assistência; e ali estava eu, feliz em pagar pelo tratamento.

A veterinária submeteu Lucky a exames de sangue e um minucioso escrutínio. A cadela, ela constatou, tinha entre 1 e 2 anos. Dá para saber a idade de um cachorro fazendo uma análise dos dentes, ela me explicou. Eles ainda são bem brancos nos primeiros anos, e cães mais velhos podem ter um hálito mais fedorento por causa de uma alimentação ruim. Lucky não tinha parasitas, o que é raro para cães de rua, e pelo menos era algo positivo. Será que era porque ela não se misturava com outros cães? Um raio-X também mostrou que Lucky já tinha sido castrada. De onde quer que ela tivesse vindo, essa era uma boa notícia. Ela não teria que se preocupar em cuidar de filhotes, além de garantir a própria sobrevivência.

No entanto, como eu suspeitava, também havia um quinhão de más notícias. Minha menina estava com várias coisas erradas. Seus gânglios linfáticos estavam inchados, o que em geral é um sinal de problemas mais graves; ela tinha vermes, problemas de pele, uma doença no fígado e níveis sanguíneos irregulares.

— Ah, Lucky... — falei, fazendo carinho em suas orelhas grandes e pontudas.

Lucky se aninhou em meu braço, como se dissesse "Obrigada por cuidar de mim, Niall".

Fiquei impressionado que Lucky, mesmo com tantos problemas físicos, ainda tivesse tanta energia, tanto ânimo e entusiasmo. Ela era mesmo uma cadela muito especial. Foi fantástico ajudá-la.

A veterinária receitou quatro medicamentos que ajudariam a amenizar todos os problemas de Lucky. Eu sabia que caberia a mim, de alguma maneira, assegurar que ela tomasse direitinho toda a medicação. Queria que Lucky melhorasse e vivesse como merecia, agora que eu tinha dado um jeito de ela ser examinada e diagnosticada.

Depois da ida ao veterinário, decidi levar Lucky ao meu apartamento e consegui dar um bom banho nela com uma mangueira e o xampu especial para cães que tinha comprado. Snoop surgiu para dar uma olhada amigável naquela desconhecida magricela recém-chegada em sua casa, mas não se mostrou muito interessado. Ele olhou de relance para mim, pareceu dar de ombros como quem diz "tanto faz" e deslizou de volta para a cama, inabalado.

Contudo, ele é tão cavalheiro que jamais seria nem remotamente agressivo ou territorialista. Fiquei empolgadíssimo ao ver a pelagem de Lucky mudar de cor enquanto a sujeira descia pelo ralo. Assim que ela ficou limpa de verdade, o pelo adquiriu uma tonalidade muito mais clara e agora reluzia.

— Dê uma olhada nisto aqui, Snoop! — falei, esfregando Lucky com uma toalha velha.

Lucky deixou que eu lhe desse um banho, mas se recusou a se instalar no meu apartamento. Por mais confiante e amigável que ela se mostrasse comigo, o ambiente fechado a deixou desassossegada. No fundo, ela era uma cadela de rua de corpo e alma.

Brincamos um pouco, mas ela ficou inquieta e tensa. Começou a farejar e arranhar a porta para sair e estava ansiosa para voltar ao pedaço de selva com o qual estava familiarizada, no meio das árvores, dos riachos e das trilhas de lama. A liberdade de perambular por onde bem quisesse. As paredes e o piso liso do meu apartamento eram estranhos para suas patas. Os cheiros eram diferentes. Não havia pássaros para serem ouvidos.

— Tudo bem, Lucky, eu te levo de volta. Mas você tem que me prometer que pelo resto do mês vai voltar pra buscar comida e remédios, tá legal?

Gosto de pensar que ela me entendeu e até me deu um breve meneio de cabeça para confirmar que voltaria.

Eu a levei de carro e a observei se esgueirar selva adentro, farejando as árvores enquanto trotava para longe.

— Vejo você amanhã, Lucky! — gritei.

Naquela noite, saber que Lucky estava feliz e de volta ao seu canto seguro, com a barriga cheia de comida e muitos remédios, me deixou contente por ter realizado algo concreto.

Lucky era boazinha e paciente e se mostrou disposta a aprender e compartilhar comigo suas experiências de primeira viagem — ela aceitou a coleira e a guia, andou de carro e visitou o veterinário —, mesmo estando nitidamente petrificada de medo. Naquele dia, eu e ela saímos muito de nossa zona de conforto, mas agora estávamos juntos na empreitada.

Não tenho um rabo para abanar, mas naquele dia andei com a cabeça um pouco mais erguida, exibindo orgulho e autoconfiança. Eu tinha adquirido um senso de propósito. Lucky ainda tinha um longo caminho a percorrer, é lógico, mas eu mal podia esperar para encontrá-la de novo na manhã seguinte e conferir como a recuperação total da saúde se desenrolaria ao longo do mês. Com aquele espírito inquebrantável, ela merecia mesmo aquela segunda chance na vida.

★ ★ ★

Talvez eu tivesse resolvido o problema de Lucky no curto ou médio prazo, mas ajudá-la com pequenas coisas foi apenas o primeiro passo do que, percebi, poderia se tornar uma missão mais ampla. Havia inúmeros cães na mesma situação. De que forma eu poderia fazer o bem para o maior número possível deles?

Eu me sentia capaz e também tinha a habilidade para ajudá-los. Só não sabia direito *como*. Minha formação era toda em culinária, e minha única outra especialidade era montar negócios em plataformas virtuais. Eu não tinha medo de trabalhar muito e sabia criar e desenvolver um negócio de sucesso, mas tentar melhorar a vida de cães de rua? Isso era totalmente diferente.

Até então, eu vinha agindo por instinto na iniciativa de alimentar os cães e depois levar Lucky ao veterinário, mas era tudo improviso, decidido na hora, sem preparo prévio. Não sabia nada sobre cuidados veterinários, castração de cães em massa ou outros elementos que, eu tinha certeza, seriam necessários. Minha suspeita era de que havia muitas outras coisas nas quais eu nem sequer tinha pensado.

A maior preocupação de todas era o fato de Lucky ser apenas um cão entre pelo menos cinquenta que eu poderia ter escolhido para fazer o mesmo. Nesse aspecto, ela foi "sortuda" mesmo, pois há muitos outros em circunstâncias semelhantes ou piores. Cães de rua estão acostumados a se defender sozinhos, mas a falta de acesso a cuidados quando adoecem é a diferença crucial entre animais de estimação e aqueles que vivem na natureza selvagem.

Eles são forçados a lutar e aprender a conviver com doenças ou enfermidades que poderiam muito bem ser tratadas. Contudo, quanto menos cuidados recebem, mais adoecem, e aí começam a ficar com o aspecto ainda menos atraente para os moradores locais. As pessoas encaram os cães de rua como "nojentos" e ou os afugentam, ou têm medo de que transmitam alguma doença horrível, mas muitas dessas doenças poderiam ser evitadas ou tratadas com muita facilidade.

Ligando a luminária sobre a escrivaninha — enquanto Snoop cochilava aos meus pés, alheio ao meu propósito recém-descoberto —, abri o notebook e encarei as somas na minha frente.

A visita ao veterinário e a medicação de Lucky custaram 4.500 bahts (120 euros ou 135 dólares). Quando se considera que o salário médio local pode ficar entre 10 e 12 mil bahts por mês, é fácil entender por que muitos cães aqui não recebem os cuidados médicos simples de que precisam.

Eu não me importava de fazer isso por alguns deles. Morar na Tailândia era mais barato do que na minha terra natal, então eu podia arcar com as despesas por algum tempo. Contudo, meu dinheiro não duraria para sempre. O custo de alimentar os cães não era supercaro: 500 bahts (13 euros ou 15 dólares) por dia. Calculei que poderia alimentar 25 deles por dia e bancar os cuidados clínicos de alguns, mas a verdade é que eu queria fazer muito mais.

Antes de me mudar para a Tailândia, época em que vivia mergulhado no trabalho, sempre me imaginei abrindo uma instituição de caridade nos anos seguintes, quando não tivesse mais nada para fazer nem no âmbito pessoal, nem na esfera profissional. No entanto, me dei conta de que isso simplesmente não era bom o suficiente. Eu precisava começar a ajudar, começar a retribuir *agora*.

No longo prazo, eu sabia que minha estratégia precisava girar em torno da castração e dos tratamentos de saúde, e não só comida, porque a cada dia eu poderia encontrar uma nova matilha de cães. Naquela mesma semana, ao afastar alguns arbustos, encontrei seis pequenas belezuras de orelhas grandes olhando esperançosas para mim. A ronda de alimentação ficaria cada vez maior, com cada vez mais bocas famintas para alimentar. Imaginei minha scooter tombando sob o peso de sacos gigantes de ração. Quando é que isso acabaria?

Com uma empolgação ardente que eu não sentia havia anos, fiquei acordado até tarde da noite sonhando com meu objetivo ridiculamente ambicioso: ajudar 10 mil cães todo mês. Se você me perguntasse por que tirei essa meta específica da minha cabeça, a resposta sincera seria "não sei". Eu adoraria dizer que havia alguma razão científica e bem pensada para essa cifra, mas não. Era apenas um número alto que eu conseguia entender (tipo 10 mil passos diários, ou uma corrida de 10 quilômetros) e que, embora parecesse uma meta terrivelmente assustadora naquele momento, ainda assim eu julgava poder alcançá-la, dentro dos meus limites.

Prometi tentar cuidar dessa quantidade de cães todo mês. Dar a eles uma vida melhor, uma chance maior de serem mais saudáveis — ou, de alguma maneira, até mesmo salvando-os da morte ou de doenças.

Eu não fazia ideia de quanto tempo levaria para atingir essa meta. Um ano? Uma década? Ou o restante da minha vida? Contudo, prometi que chegar lá se tornaria a estrela-guia a me motivar e nortear daquele momento em diante. Era como se o ano de recuperação do qual eu tinha acabado de sair estivesse me levando ao lugar aonde precisava estar, com força suficiente para assumir algo assim, um projeto concreto para fazer o bem.

Tive que fazer uma reflexão profunda acerca do que "algo assim" envolveria e cheguei à conclusão de que seria basicamente dedicar à missão cada minuto dos meus dias até o fim da vida. Sempre fui uma pessoa do tipo tudo ou nada. Todas as coisas que eu fizesse estariam vinculadas à maneira como eu poderia usar meu tempo para ajudar mais cães e cumprir a meta de ajudar 10 mil deles por mês.

Eu sabia que queria estar ao lado dos cães, botar a mão na massa e continuar cuidando deles todos os dias, mas também pensei que, com minha experiência em empresas de mídia social, seria capaz de ajudar um número maior de cães por meio da narração de histórias e da construção de uma verdadeira comunidade para pessoas que compartilhassem de ideias semelhantes e amantes de animais — e eu precisaria do apoio dessa incrível comunidade para ampliar o escopo dos meus planos.

Sozinho, eu não seria capaz de ajudar 10 mil cães por mês. Ainda precisava mobilizar muito mais ajuda para tirar o plano do papel.

Talvez o debate mais difícil na minha cabeça fosse sobre voltar a trabalhar, depois de passar o último ano me recuperando do vício. Será que ainda tinha energia e paixão para me dedicar com afinco outra vez? Na condição de adicto em recuperação, que apenas um ano antes estava à beira da morte numa cama de UTI, será que eu estava mesmo bem o bastante?

Até que ponto estaria presente, diretamente envolvido na execução prática do trabalho? Que local usaria como base? Eram centenas de perguntas para as quais eu não tinha respostas naquele momento. Entretanto, havia um propósito e uma determinação para encontrar soluções.

Enquanto fechava o notebook e levava Snoop para fazer o último xixi da noite antes de dormir, fiquei animadíssimo pela primeira vez depois de um ano, a cabeça zumbindo com aspectos de logística, financiamento, modelos de negócios, pesquisa.

Peguei no sono pensando em todos os cães que conheci e sonhando com as estruturas que eu teria que montar para dar a todos eles a melhor das chances. Seria uma jornada absurda, e agora eu estava ansioso para começar.

Na manhã seguinte, depois de alimentar Snoop e levá-lo para esticar as patas, fui comprar um saco de ração dos grandes, pronto para dar de comer a mais cães famintos, os primeiros vinte e poucos que precisassem. Ri comigo mesmo, pensando que, antigamente, no jargão dos negócios, eu teria anunciado em uma reunião que temos "vinte usuários ativos diários" ou "vinte clientes satisfeitos".

Depois disso, vão faltar apenas 9.980 por mês, pensei e sorri com ironia, me perguntando se eu não estaria sendo tolamente otimista.

Felizmente, consegui encontrar Lucky logo no início — o rabo abanando, o sininho tocando, ostentando com orgulho sua elegante coleira brilhante em volta do pelo dourado recém-lavado.

Uma coleira é o sinal mais seguro de que um cão está recebendo cuidados, e ela parecia exibi-la com orgulho, como se dissesse: "Agora alguém me ama, vejam só como estou sendo bem cuidada."

Meu coração se encheu de alegria ao ver seu rostinho inteligente à minha espera, e pude dar a ela os remédios que a veterinária havia receitado.

— Vamos colocar você de volta nos trilhos, minha adorável Lucky — prometi a ela, dando uma boa afagada em seu pescoço.

E muitos outros cães também estavam lá à minha espera, pois já tinham aprendido a aguardar a chegada da minha scooter pela manhã, sabendo que isso significaria uma barriga cheia de comida. Como aqui todos os cães cruzam entre si, eles não têm pedigrees nem raças definidas; pelo contrário, são uma bela mistura de todos os tipos de vira-lata. Em termos gerais, são pequenos, magros, de pelagem curta marrom ou escura. Por isso, a verdade é que você não os identifica dizendo "lá está o labrador preto", ou o pastor alemão, ou o cocker spaniel, ou o buldogue, como as pessoas se referem aos cães na minha terra natal.

Em vez disso, comecei a inventar maneiras um pouco bobas de identificar os diferentes grupos de cães que estava alimentando. Por exemplo, os Originais, o primeiro bando de quatro cachorros que conheci e que vivia no topo da colina na selva. Eram a mãe, o pai e dois adoráveis filhotes. Quatro lindas criaturas marrons e pretas com, ao que parecia, um pouco de pastor alsaciano na mistura. Por viverem tão afastados, estavam sempre morrendo de fome. Eram criaturas nobres e excepcionalmente cautelosas com as pessoas, mas aos poucos fui conquistando sua confiança, um dia de cada vez.

Havia também a dupla que apelidei de Casal Quieto, marido e esposa impecavelmente bem-educados (ou assim eu gostava de imaginar) que viviam na fronteira da selva. Inseparáveis, os dois eram fascinantes, de derreter o coração, e sempre queriam meus abraços e carinhos depois de comer.

Os Filhotinhos Orelhudos eram um punhado de belezinhas idênticas com buracos nas orelhas comicamente grandes, daí o apelido. A princípio, pensei que formavam um trio, até que minha amiga Lana disse que, na verdade, havia mais três. Como era de se esperar, dias depois, naquela mesma semana, todos os seis da ninhada espevitada começaram a aparecer, sempre se amontoando e se engalfinhando nas típicas brigas de uma família numerosa sobre quem seria o primeiro a comer. Havia o Billy, que ganhou um nome porque estava sempre sozinho, aparentemente era o Billy-sem-amigos. Ele ficava na cidade, ao lado de um lava-jato, talvez pelo fácil acesso à água e pela remota chance de restos de comida para abocanhar. Um verdadeiro cavalheiro, ele ostentava um ferimento antigo na pata, resquício de algum acidente, presumi. Eu não gostava nem de pensar no que tinha acontecido. Contudo, me dava uma sensação de quentinho por dentro ver que a cada dia ele ia aumentando de peso e mantinha a cabeça um pouco mais erguida.

Wonky, a Orelha Torta — se você visse as orelhas dela, saberia por que essa querida mestiça de pastor alemão ganhou o apelido —, era outra de minhas favoritas. Ela amava duas coisas na vida: afeto humano e comida. Como só as recebia uma vez por dia, nunca conseguia decidir qual das duas queria primeiro. Ela corria de um lado para o outro, indecisa. Com cerca de 6 anos, se não estou enganado, Wonky tinha os próprios humanos, de acordo com o relato de alguns moradores, mas acabou na condição de cadela de rua. Infelizmente, esse é um cenário bem comum. Os cães podem ser abandonados se os tutores não tiverem mais condições financeiras para alimentá-los ou cuidar deles. Eu sabia que Wonky vicejaria se um dia eu conseguisse encontrar outra família humana para ela, porque a bichinha tinha muito amor para dar. Eu precisava dar um jeito de incluir como parte do meu plano mais amplo a adoção e transferência dos cães para um novo lar.

A Família de Cinco não estava na leva de cães original, mas um dia os dois filhotinhos amarelos me perseguiram na scooter e imploraram por comida, cutucando o saco quase vazio de ração com aqueles pequenos focinhos pretos. No dia seguinte, eles convidaram toda a família — com o pai meio pateta que nitidamente tinha se metido em algumas brigas —, e logo a ninhada se tornou uma presença constante.

Havia muitos outros — a Matilha da Montanha, o Bando da Trilha de Terra, a Gangue das Árvores Grandes, o sr. e a sra. Fox (o casal Raposo, não vou dar prêmios a quem adivinhar qual era a aparência deles). E mais um, que eu apelidei de Old Boy, um cavalheiro mais idoso e tímido que ficava desesperadamente grato por uma refeição e tinha um comportamento um pouco parecido com o burrinho Ió de *Ursinho Puff*.

Apelidei um de Happy, um rapazinho bonito cuja pelagem branca com manchas pretas o faziam parecer um pouco uma vaca holandesa e cujos olhos grandes e castanhos pareciam ter sido contornados com lápis. Resumindo: esse cara estava sempre feliz. Ele até tentava falar comigo e fazer barulhos de verdade como se estivesse dizendo "Obrigado, Niall" quando eu preparava seu "prato" — uma casca de coco improvisada — para o jantar. *De nada, Happy,* eu respondia, sorrindo para ele.

Um cachorro que eu chamava de Marlon Brando também estava entre os primeiros que conheci e alimentei e, logo de cara, passei a proteger. Eu o chamava assim porque ele era mais velho, devia ter uns 12 anos, eu diria, e seu temperamento era muito sério e solene. Ele estava ficando um pouco grisalho, a visão estava embaçada, os movimentos, um pouco mais vagarosos. Tal qual o lendário ator de Hollywood que lhe rendeu seu nome, eu gostava de imaginar que ele era o Poderoso Chefão — ou o Poderoso Dogão — dos caninos. Um Cachorro de Rua Chamado Desejo, à moda antiga, assim como o verdadeiro Marlon Brando.

O fato de que ele tinha obviamente passado a vida inteira como cachorro de rua merecia meu respeito. É uma vida árdua, e esse garoto tinha se provado um sobrevivente corajoso. Ele era uma alma alegre e sábia. Apesar de já ter passado do auge, parecia ter certa gratidão pela vida que lhe restava. O perfeito exemplo de uma criatura vivendo no agora. Durante meus anos de convivência com os cães, aprendi que eles fazem isso melhor do que ninguém. Eles não se martirizam de culpa e arrependimentos como nós.

Marlon Brando era um garotão bem grande. Em seu auge, deve ter sido um cão muito forte, e na juventude deve ter tido músculos e força dignos de respeito. Contudo, assim como os humanos, com o avanço dos anos, suas habilidades físicas minguaram.

Entretanto, ele nunca deixou a idade avançada derrotá-lo. Ao que parece, Marlon tinha orgulho de ter chegado tão longe, apesar de todos os pesares e dos altos e baixos. "Crianças, mostrem um pouco de respeito pelos mais velhos", ele parecia dizer com sua petulância canina. "Este velho cachorrão aqui ainda tem lenha pra queimar." Uma atitude muito admirável em relação ao envelhecimento, na minha opinião!

Era visível que Marlon Brando estava com os ossos um pouco enrijecidos, mas ele preservava um andar bem elegante. Na maior parte do tempo, Marlon se mantinha na retaguarda da matilha, mas vinha trotando para me encontrar quando ouvia o barulho característico — *put-put-put* — do motor da scooter. Sua alegria de viver era contagiante, e o velhote ainda tinha energia de sobra.

O que acontece com os cães mais velhos como Marlon Brando é que eles são empurrados para baixo na hierarquia da matilha. Nenhum outro cão o intimidava, ele nunca seria vítima de ninguém, mas já não era mais o mandachuva que tinha sido na juventude. Essa é a ordem natural da vida. Cães mais fortes assumem o controle. Assim como no mundo humano, a geração mais jovem recebe o bastão dos mais velhos. Depois, esses mais velhos são colocados para escanteio e se veem obrigados a pendurar as chuteiras.

Assim, Marlon Brando aguardava com toda a paciência do mundo sua vez na fila de distribuição da ração. E eu sempre ficava ansioso para que ele se alimentasse, sabendo que o cão não se lançava para a comida com a mesma avidez dos mais jovens. Eu ficava de olho nele e o levava para fazer a refeição depois que os outros tinham se afastado para brincar. Os cães não têm modos impecáveis à mesa, nem ficam de bobeira batendo um papo educado sobre o cotidiano enquanto esperam o último cão terminar de comer, como nós, humanos, nos sentimos obrigados a fazer depois de uma refeição.

De maneira geral, Marlon Brando parecia estar com uma saúde muito boa para sua idade. A única deterioração visível era a visão. Era nítido que ele estava ficando cego, e, embora eu tivesse certeza de que ele ainda conseguia distinguir contornos e formas, sua capacidade de enxergar estava prejudicada. No entanto, ele era vivido e experiente e usava o olfato e a astúcia para não se meter em problemas.

Notei que os olhos de Marlon Brando eram cheios de "sono" ou remela. Aquela coisa meio pegajosa que às vezes se acumula nos cantos dos olhos quando a gente acorda. Essa secreção parecia ser constante, e, é lógico, ele não conseguia limpar com as patas.

Comecei a levar no bagageiro da scooter alguns suprimentos simples, incluindo lenços umedecidos, que eu usava para fazer uma delicada limpeza nos olhinhos de Marlon antes de ele comer. Ele parecia ficar muito grato pela ajuda e até cutucava minha perna com o focinho, depois olhava para mim com os olhos semicerrados e piscava. O gesto me fazia sorrir.

— É, Marlon Brando, estou aqui pra cuidar dos seus olhos, meu velho. — Eu o tranquilizava.

Todos os dias eu fazia esse pequeno e simples gesto por ele. Não era grande coisa. Não era um ato heroico. Não envolvia despesas com veterinário nem resgates comoventes. No entanto, era muito gratificante saber que uma coisinha de nada que eu podia oferecer a ele, apenas alguns segundos limpando a remela de seus olhos com todo o carinho, faria uma diferença bem positiva no restante de seu dia.

Senti que isso era importante para mim, porque todo dia sem falta eu aparecia para dar uma força ao Marlon Brando. Isso me fez pensar em todas as vezes na vida em que eu não tinha me comportado de modo tão responsável ou confiável. Quando eu simplesmente não dava as caras e deixava na mão pessoas que mereciam minha atenção.

Nos meus dias de bebedeira, sempre fui bem pouco confiável e vivia arranjando desculpas esfarrapadas para faltar aos compromissos e, em vez disso, poder beber. Eu fazia o mesmo em relação ao trabalho. Também dava desculpas para não sair da cama, porque, novamente, poderia beber. Muitas vezes, mentia, sumia do mapa, não dava as caras, era imprevisível, decepcionava as pessoas o tempo todo — e tudo isso para beber. A maneira como eu agia era vergonhosa.

Portanto, o fato de eu aparecer todos os dias sem falta para os encontros com o Marlon Brando me fez sentir um pouquinho orgulhoso de mim mesmo e do progresso que alcancei desde que resolvi todas essas merdas. Não era muito, mas me parecia simbólico. Agora eu me tornara uma pessoa confiável. Um humano em quem de fato se podia confiar para fazer a coisa certa e que tinha se tornado capaz de se comprometer com algo altruísta.

Bubba, o líder da matilha do Marlon Brando, era outro cachorro que eu alimentava, e diria que ele tinha cerca de 8 anos. Uma criatura enorme, descomunal, outro sobrevivente nato das ruas e um dos cães mais astutos. Certa vez, Bubba cortou a pata e precisou de seis pontos. Infelizmente, os cães se cortam o tempo todo. Muitas vezes, o ferimento se cura sozinho, mas, quando Bubba ficou manco e totalmente indisposto, era evidente que ele precisava de um veterinário.

Como era de se esperar, o diagnóstico foi que Bubba tinha sepse. Essa infecção generalizada pode ser letal, mas felizmente foi descoberta a tempo. A partir de outros exames de sangue, descobrimos que Bubba também tinha problemas renais graves, parasitas no sangue e níveis sanguíneos anormais.

No entanto, essas coisas puderam ser resolvidas, e acabei levando Bubba para minha casa enquanto ele se recuperava. Era perceptível que ele nunca tinha estado em uma casa, e por isso ficou confuso. Bubba não fazia xixi o tempo todo, que Deus o abençoe, pois não sabia onde fazer, mas tinha a noção de que não poderia urinar no meu chão. E ele parecia nervoso com a presença do Snoop, embora não precisasse. Snoop é um bunda-mole. Bubba, no entanto, tinha a consciência de estar no território de outro cão.

Felizmente, consegui resolver os problemas de Bubba e, quando ele recuperou a saúde, ficou feliz em voltar para as ruas e ser, mais uma vez, o líder da matilha. Cães como Bubba podem se dar bem sem tutores, são capazes de se virar com base na inteligência, mas até eles precisam de uma ajudinha de vez em quando, e fiquei feliz em vê-lo se aprumar e se reerguer.

Bubba é um dos cães mais inteligentes que já conheci. Houve uma ocasião em que ele começou a mancar. Preocupados, nós o levamos a um veterinário para um exame minucioso... e não descobrimos nada errado com a pata. Ele simplesmente descobriu que, se mancasse, receberia mais atenção e alguns petiscos extras. Na verdade, ao observá-lo com mais atenção, percebemos que, de vez em quando, depois de comer os petiscos, ele se "esquecia" de que era manco! Nós caímos na gargalhada. Temos que tirar o chapéu para cães superinteligentes como o nosso Bubba, que precisam de toda astúcia para sobreviver.

Eu estava começando a ficar fascinado por todos os cães, que eram umas figuras, umas peças raras. Lucky, contudo, foi a primeira, e era minha garota favorita. Tão logo ouvia a scooter, ela vinha correndo me receber. Os remédios estavam surtindo efeito, sua pele tinha adquirido um aspecto muito melhor, e meu objetivo era deixá-la grande e forte. Todas as suas doenças eram tratáveis.

Ainda me preocupava por ela ser muito solitária, mesmo que de tempos em tempos eu tentasse apresentá-la a outros cães. Era mais seguro viver em grupo, era o que eu pensava, mas ela não tinha interesse nisso e queria ficar sozinha o tempo todo. Ela gostava de ficar na área onde estava, que era um raio de cerca de 400 metros. Na mesma região, havia outros cães com os quais ela poderia ter interagido com muita facilidade, e alguns até se arriscavam a brincar com ela e tentavam atraí-la, mas Lucky era teimosa e sempre ficava sozinha. Ainda assim, continuei insistindo...

Todos esses cães conquistaram um lugar no meu coração, e agora eles contavam com as minhas visitas. E eu não podia decepcioná-los. Esses animais colocavam um sorriso no meu rosto e enchiam meu coração ferido de pura alegria.

Fiquei com a impressão de que, na rede de boatos caninos, a notícia de que havia um irlandês careca de cabeça branca dirigindo uma scooter por aí sob o sol do meio-dia com uma sacola de guloseimas se espalhou, porque, ao longo das semanas, mais e mais cães começaram a aparecer.

7

NÃO DÁ PARA VENCER TODAS AS BATALHAS

Conheci Tyson apenas três semanas depois de começar a alimentar os cães, e hoje ele continua sendo uma grande parte do que faço e da razão por que ainda faço. Gostaria de saber mais sobre ele para contar. Tudo o que posso dizer é que ele não ficou na minha vida por muito tempo, mas causou um grande impacto. Minha experiência com Tyson resume com perfeição aquele velho e sábio ditado: "Na vida, o que conta são os momentos, e não os minutos."

Tyson foi o primeiro cão em quem eu mesmo tentei aplicar algum tratamento médico, e desde então tenho utilizado o que aprendi com ele quase todos os dias. Tyson entrou na minha vida porque recebi duas ligações sobre ele, uma de um voluntário do Samui Street Dogs, um grupo de expatriados que, assim como eu, se dedica a melhorar a vida dos cães de rua; e outra da minha amiga Lana, também extremamente dedicada aos cães, que tinha saído para fazer uma caminhada. Ambos me disseram ter visto na estrada da selva um cachorro que estava muito doente. Parecia que o cão tinha sido abandonado lá, pois nem Lana, nem o outro voluntário se lembravam de tê-lo visto antes. Depois de algum tempo, você acaba reconhecendo os rostinhos. E aquele garotão parecia ter surgido do nada. Fui até lá para ver se conseguia encontrá-lo e investigar o caso.

Não demorei muito para rastrear o recém-chegado e constatei que ele estava em péssimas condições. Para ser sincero, todos ficamos com um pouco de medo do que vimos: a cabeça dele estava enorme e inchada, e sua aparência, horrível. Ele cambaleava sobre patas instáveis. Naquele momento, eu ainda era incrivelmente inexperiente no que dizia respeito a cuidar de cães, afinal, a única coisa que fazia era alimentá-los com ração. A não ser por providenciar comida, a verdade é que eu não sabia como cuidar direito dos doguinhos, muito menos como tratar de um cachorro doente.

Logo ficou nítido que Tyson estava muito debilitado. Não eram apenas os cortes e ferimentos leves típicos de vira-latas. O caso era sério. Ele era bem miúdo, cor de areia, e tinha um focinho bem preto e orelhas pontudas que se erguiam orgulhosamente na cabeça, tão inchada que quase chegava ao dobro do tamanho normal. Era uma imagem assustadora. Ficou evidente que a cabeça dilatada estava impactando a respiração; então, de início, a única coisa que eu podia fazer era me sentar com ele e tocar de leve na cabeça e nas orelhas do bichinho. Tyson parecia estar se esforçando para recobrar a respiração, que estava irregular. Comecei a tentar imaginar o que poderia tê-lo deixado naquele estado lamentável. Será que tinha sido picado por uma cobra? Atropelado por um veículo? Sofrido uma lesão cerebral? Eu simplesmente não conseguia entender e fiquei perplexo por não saber o suficiente sobre cães para conseguir juntar as peças. Concluí que trabalhar com cães feridos é, na metade do tempo, semelhante a ser detetive, e eu não tinha experiência nenhuma nessa função.

Eu sabia que aquela cabeça tão volumosa significava que Tyson precisava de ajuda o mais rápido possível, então o coloquei em uma velha caixa de madeira e o levei ao consultório veterinário.

Eles concordaram que ele estava muito doente e o conectaram a alguns fluidos com medicamentos anti-inflamatórios para ajudar a reduzir o inchaço e acalmá-lo. Tyson ficou a noite toda no soro; depois, sem outro lugar para onde encaminhá-lo, eu o levei para casa comigo. Esperava que o inchaço diminuísse e ele começasse a se sentir melhor a ponto de conseguir comer e beber sozinho e, a partir daí, talvez se recuperar.

Naquela primeira noite na minha casa, ele ainda estava muito mal. Conseguia lamber um pouco da água que eu levava até sua boca frouxa, mas estava exausto e dormia muito. Embora eu não pudesse fazer muito por ele do ponto de vista clínico, parecia a coisa certa tê-lo tirado das ruas — naquele estado, ficar ao deus-dará teria sido assustador. Eu não sabia como o Tyson tinha ido parar lá, mas estava quase certo de que ele fora abandonado para morrer.

Na Tailândia, é muito comum um cachorro ser abandonado quando fica muito doente. Eu sabia que, se não tivesse levado Tyson comigo, ele teria ficado sem água e comida, não teria recebido cuidados médicos e teria morrido sozinho e com dor. É um modo horrível de deixar este mundo. Mesmo agora, depois de mais de um ano fazendo o que faço, ainda não sei como as pessoas conseguem viver com esse peso na consciência. Será que partem da premissa "o que os olhos não veem, o coração não sente" — se os animais saem de sua vista, também saem de sua mente? Era injusto, e eu não queria isso para Tyson. Na verdade, nem para nenhum outro cachorro.

Depois que Tyson ficou um dia inteiro na minha casa com o Snoop e comigo, enrolado em cobertores quentes, comecei a ver uma melhora gradativa. Ele já estava bebendo água e comendo sozinho. E aí as coisas mudaram de verdade. Tyson se animou, se reergueu, deu alguns passos, começou a abanar o rabo, e vi uma faísca de vida naqueles olhos pretos penetrantes.

— Ei, você está se sentindo melhor! — gritei, dando um beijo delicado na cabeça um pouco menos inchada e menos feia.

Minha genuína esperança era de que ele estivesse prestes a fazer um retorno triunfal, e me senti muito otimista. Foi por isso que decidi chamá-lo de Tyson, em homenagem ao boxeador britânico Tyson Fury. A longa carreira de Fury é uma montanha-russa. Ele teve problemas relacionados à saúde mental e física, além de desentendimentos com a imprensa. Fury passou por maus bocados, beijou a lona e sofreu nocautes literais e metafóricos, e ainda assim voltou e reconstruiu a vida e a carreira. Tyson, decidi, era um nome adequado para aquele cão que parecia estar lutando heroicamente com unhas e dentes para recuperar a saúde. Eu estava determinado a permitir que ele tivesse um retorno grande e glorioso, assim como seu homônimo.

Eu me senti tão animado que postei na internet as boas notícias. Tento manter o clima otimista e leve em minhas contas em redes sociais e nas newsletters. Já existe sofrimento suficiente no mundo. Por que contribuir para aumentar a tristeza? Quero fazer as pessoas se sentirem bem e dar a elas uma bela dose de dopamina quando estiverem navegando pelas redes sociais, sentadas no metrô ou no ônibus, esperando para pegar as crianças na escola, ou fazendo uma pausa para o café. Eu queria que todos compartilhassem a alegria da recuperação extraordinária do Tyson.

Parecia que isso estava acontecendo. Tyson tinha começado a comer, ele lambia um pouco de caldo caseiro e até mesmo ingeria alguns alimentos sólidos. O inchaço da cabeça tinha diminuído um pouco, e ele já mastigava bem. Eu ainda estava preocupado, porque o veterinário que o examinou não chegou a fechar um diagnóstico, por isso eu sentia que não sabíamos de fato com o que estávamos lidando, mas ele estava todo confortável enrolado em cobertores e edredons no chão e parecia que estava indo bem. Eu me deitava perto de Tyson, ouvia e observava seus movimentos, cada vez mais confiante de que ele ia se recuperar. *Isso é fantástico! O remédio está fazendo efeito, vou salvar este cachorro...* Eu estava bem eufórico. Parecia até fácil. Será que eu tinha jeito para a coisa?

Pensando agora, minha esperança foi uma estupidez. Eu estava vivendo nessa esperança, desejando a recuperação do Tyson. No entanto, na terceira noite comigo no apartamento, a esperança foi por água abaixo... substituída pela dura realidade da vida. Acordei às quatro da manhã e me vi deitado no chão, Tyson ao meu lado. Sua respiração estava muito encurtada e pesada, o ar preso na garganta, sem encher os pulmões como deveria. O pior de tudo: ele estava agitado. Meio desajeitado, ele se levantou e começou a zanzar de um lado para o outro. Ao contrário do cenário de horas antes, havia algo muito errado.

A verdade é que não há veterinários tailandeses disponíveis fora do horário comercial. Então, no meio da noite, tive uma conversa motivacional com Tyson para encorajá-lo — e a mim também.

Certo. Vamos ter que passar por essa juntos, Tyson, e de manhã bem cedo vou levar você de volta ao veterinário, meu velho. Vamos descobrir o que está acontecendo. Aguente firme, meu amigo.

No entanto, às cinco da manhã, as coisas só pioraram. A respiração de Tyson ficou mais superficial, e ele estava apático, prostrado no chão frio do apartamento. Ele se livrou dos cobertores e se arrastou para o canto do quarto, como se quisesse escapar de fininho. Eu tentava dar água a ele ao mesmo tempo em que olhava meio desesperado para o relógio na parede.

Meu Deus, tenho que dar um jeito de fazer com que ele aguente até as nove pra poder levá-lo ao veterinário.

No entanto, quando o relógio marcou sete horas, tive um lapso de lucidez. Hoje penso que foi uma das percepções mais importantes que tive desde que comecei a fazer este trabalho: não havia mais volta. Eu sabia que Tyson iria morrer.

Naquela época, eu não sabia muita coisa sobre cães. Não tinha conhecimentos no campo da medicina nem sobre cuidados veterinários, mas instintivamente sabia identificar o sofrimento, e o de Tyson estava diferente. Meu pressentimento me indicou que ele estava em suas últimas horas da vida e iria morrer no meu pequeno apartamento antes que eu conseguisse levá-lo a qualquer lugar para obter ajuda.

Naquela época, creio que vi isso como um ato de desistência e de ter fracassado com Tyson, mas acabei chegando à conclusão de que, naquela manhã, aprendi uma importante lição de vida: meu amor e cuidado sinceros eram as únicas coisas de que ele precisava naquele momento. Em vez de tentar mudar o que estava acontecendo com lucidez cristalina bem na minha frente, eu tinha que aceitar. Naquela circunstância, isso era o mais importante. Dar a ele meu amor e permitir que ele partisse em paz.

Acomodei Tyson na posição mais confortável possível, reorganizei meus melhores cobertores em volta de seu corpo trêmulo, levei-o para um quarto tranquilo e claro e liguei o ar-condicionado. Fiquei lá sentado por uma hora mais ou menos e apenas segurei sua pata cor de areia e conversei com ele. Contei sobre meus planos para os cães da Tailândia e as histórias da minha vida. Fiz tudo isso sabendo, bem no fundo, que Tyson estava prestes a morrer.

Eu já tinha visto pessoas e cachorros mortos, mas até então nunca estivera com alguém durante o processo da morte, ver de perto a vida se esvaindo do cachorrinho de rua.

Os derradeiros minutos da vida do Tyson foram penosos de assistir. O corpinho começou a tremer, as patas se ergueram e ele ficou rígido. Segurei a pata com mais força e senti, muito profundamente, que aquela era uma das primeiras vezes em que me sentia orgulhoso de verdade de mim mesmo desde que parei de beber e passei a lutar contra a depressão. Até então, eu jamais tivera esse nível de responsabilidade por outra criatura nem estivera disposto a cuidar de quem quer que fosse daquela maneira.

Minha vida de antes sempre havia girado em torno de ser egoísta, mentir para conseguir a próxima bebida e arranjar desculpas para minhas ações e meus fracassos. Contudo, lá estava eu cuidando de uma alma enquanto ela partia. Tive a impressão de que Tyson estava reforçando tudo o que eu queria fazer, e disse a ele com todas as letras que faria um trabalho árduo e fenomenal em seu nome. Por fim, falei:

— As pessoas vão se lembrar de você, Tyson.

Durante todo o tempo, mantive minha mão em Tyson para mostrar a ele que não estava sozinho, até que por fim ele parou de respirar, e o corpo ficou imóvel. Depois que ele morreu, fiquei sentado lá por cerca de meia hora. A experiência me deixou completamente exaurido.

Tyson me marcou de verdade. Sei que parece bobo, porque ele era só um cachorro que eu conhecera havia muito pouco tempo. Contudo, eu estava mesmo emocionado, como se um ente querido tivesse morrido na minha frente.

Além disso, havia uma questão prática da qual eu não tinha a menor noção: não tinha a mínima ideia do que fazer com o corpo. Cremá-lo? Levá-lo para as montanhas e enterrá-lo? Pedi conselhos aos meus vizinhos tailandeses, que foram muito generosos.

— Vamos enterrá-lo no jardim — explicaram eles, dizendo que é o costume tradicional para animais amados. — Nós vamos ajudar você.

Assim, horas mais tarde, um dos meus vizinhos tailandeses e eu cavamos juntos uma cova para o Tyson no meu pequeno quintal. Nós o enterramos lá, sob uma formação simples de quatro pedras, rente às quais eu plantei algumas flores de caule forte com botões laranja. De tempos em tempos, ainda vou até o jardim e digo a Tyson como estão as coisas. Conto a ele se meu dia foi longo e difícil. Conto quando tenho algum contratempo. Falo sobre as pequenas vitórias que ajudaram outros cães ou meus amigos. Conto tudo a Tyson porque, em grande medida, ele é um dos motivos por que faço o que faço.

Sei que muitas pessoas podem achar estranho que um cachorro com quem passei apenas 72 horas possa ter tido um impacto tão monumental em mim. Tyson morreu ao meu lado, e senti que tornei sua morte tão confortável e digna quanto possível.

Muitas outras pessoas teriam simplesmente passado de carro por ele, ou o teriam deixado no veterinário, em meio a outros animais doentes que ele não conhecia, mas eu segurei a patinha dele até o fim e lhe dei tudo que pude.

Não posso fingir que essas coisas não me afetam. Uma das melhores qualidades de se estar sóbrio é ter a cabeça limpa para pensar nas coisas e a energia para arregaçar as mangas e fazê-las. Entretanto, posso continuar sofrendo de depressão e ansiedade. Ainda posso duvidar de mim mesmo e me sentir apavorado diante da jornada que prometi cumprir: salvar 10 mil cães por mês.

Meus medos não aparecem nas mídias sociais, em que tento manter tudo positivo para as pessoas. Contudo, fundamentalmente, lá estava eu, vivendo em um país do qual nada sabia, tentando construir algo importante quando nem sequer falava tailandês. Entretanto, eu estava determinado a começar essa nova empreitada do zero, mesmo sem uma rede de apoio. Sabia que seria o maior desafio da minha vida. Estava tendo que aprender sobre tratamentos médicos e, com toda a sinceridade, chegava a ficar nauseado diante de alguns cães com feridas mais graves. Eu me sentia leigo, sem a menor noção do que fazer, perdido num mato sem cachorro.

Toda vez que eu era atingido por ondas de medo e dúvida, saía para uma caminhada na selva ou me embolava com o Snoop no sofá e me acalmava. Eu tentava me manter confiante e visualizar a maneira como tudo poderia funcionar em cinco anos. Subia ao topo da montanha com vista para a selva e visualizava em detalhes as instalações que queria construir, com centenas de cães, veterinários indo e vindo, caminhões carregados de comida, rostos sorridentes e a cachorrada abanando o rabo. Descobri que essa técnica me ajudava. Se você também sofre de ansiedade, deveria experimentar.

Outro truque que eu sempre tentava colocar em prática para afugentar o medo crescente era pensar na pior das hipóteses. Como seria o pior cenário possível, e em que consistiria? As pessoas ririam de mim por ter fracassado? Eu tinha que decidir: e daí se rissem? Eu não poderia deixar isso me impedir de tentar. Meu pior cenário pessoal, concluí, era o projeto todo naufragar, ser um completo fiasco, e eu quebrar a cara e fazer papel de idiota por dizer publicamente que conseguiria salvar 10 mil cães por mês. Percebi que, se isso acontecesse, eu simplesmente voltaria a alimentar e ajudar dez cães por dia e pilotar minha scooter por aí com o sol de Koh Samui batendo nas costas. Percebi que, no contexto geral das coisas, isso não seria tão ruim. Eu só precisaria me recompor e seguir em frente.

A morte de Tyson foi um duro revés, mas me fez perceber que eu tinha muito a dar e muito mais a crescer. E, de maneira geral, as coisas estavam indo bem. Lucky continuava fazendo um excelente progresso e todos os dias aparecia para receber comida e tomar os remédios, que estavam quase no fim. Antes, sempre que eu tinha que dar comprimidos a Snoop, cortava um dobrado para triturá-los ou escondê-los misturados com a comida dele. Eu sabia, no entanto, que, numa escala mais ampla, essa estratégia não era prática, e, como alguns cães de rua compartilhavam comida, seria impossível garantir que o cachorro certo recebesse os remédios necessários.

Por isso, dominei a arte de abrir a boca de Lucky, deslizar os comprimidos goela abaixo e fazer com que ela engolisse a medicação tranquilamente antes do café da manhã. A confiança entre nós estava bem estabelecida. À medida que a saúde melhorava, ela se transformava em uma nova cadela, não mais magricela feito um fio de macarrão, apenas magra e cheia de vida e vitalidade. Um dia, eu a levei à praia, e ela correu sem parar para lá e para cá na areia, o que me encheu de uma quantidade absurda de alegria, bem como de esperança, em relação ao que eu conseguiria realizar no futuro.

Eu a filmei com os dentes arreganhados num sorriso (eu sei, estritamente falando, os cães não são capazes de sorrir, mas eu gosto de pensar que ela é) e correndo por toda a extensão da praia (atrás da câmera, eu sorria e corria ao lado dela, tentando acompanhá-la) e depois postei o vídeo. As pessoas não conseguiam acreditar que era a mesma cadela. Fiquei nas nuvens com a melhora de Lucky.

Também consegui um avanço surpreendente e decisivo ao encontrar um amigo para Lucky. Chopper, que recebeu esse nome por causa do rabo parecido com o rotor da cauda de um helicóptero, era um cachorrinho adorável que foi encontrado em uma das casas abandonadas, um dos pequenos barracos onde os produtores de coco moravam na época de safra da fruta.

Talvez um dos trabalhadores da construção tenha levado o cachorrinho e decidido deixá-lo lá. Ou talvez outra pessoa achasse que Chopper tinha uma família que cuidava dele, mas raras vezes aparecia no local. Quem sabe? A questão é que ele tinha uma personalidade tão contagiante, a cauda sempre abanando com uma energia louca, um verdadeiro fio elétrico ligado no 220. No fim das contas, o espoleta conseguiu vencer pelo cansaço até mesmo a solitária Lucky, que simplesmente não conseguia se manter indiferente e retraída quando Chopper implorava para brincar. Depois que Chopper insistiu por quatro ou cinco dias, se recusando a aceitar a negativa dela como resposta, os dois se tornaram inseparáveis. Fiquei muito feliz em vê-los formar um par e Lucky enfim encontrar um companheiro.

Os dois estavam muito felizes, bem alimentados e protegidos, e amavam seu cantinho na selva. Em comparação a outros cães de rua, eles tinham um porte digno da realeza.

8

POR QUE FILHOTES SÃO ALGO RUIM

Depois de algumas semanas, eu já estava alimentando quarenta e poucos cães por dia, o que julgava ser o máximo possível para se fazer sozinho. Ainda era muito gratificante e prazeroso pilotar a scooter pela selva, sentir os raios mornos de sol no rosto, ser recebido por uma fileira de rabos abanando. Criei laços reais com muitos dos cães.

Os "meus cães", no entanto, ficavam todos em um raio de cerca de 1,6 quilômetro. Havia milhares de outros só em Koh Samui e milhões em toda a Tailândia. Era difícil não me sentir sobrecarregado ao pensar em tentar fazer diferença e causar um impacto significativo. Sobretudo considerando a constante descoberta de mais e mais cães.

Ao fim da primavera e início do verão, entrou em cena a "temporada de filhotes". É a época em que todos eles tendem a vir de uma vez, e não só isso... as pessoas tinham começado a abandonar filhotes indesejados bem nos lugares onde sabiam que eu os encontraria. Em geral, as fêmeas é que são abandonadas quando filhotes, pois a maioria das pessoas prefere ficar com os machos que não se reproduzem, para evitar mais trabalheira e mais bocas para alimentar.

Encontrei onze filhotes, de duas ninhadas diferentes, num trecho de 100 metros da mesma estrada. A pessoa precisa ter um coração de pedra para se livrar de filhotes, então eles também foram adicionados à minha rota de alimentação de cães. As cadelas já estão maduras para produzir ninhadas quando têm apenas sete a oito meses — ou seja, elas próprias ainda são bebês. Então dá para perceber por que os problemas fogem do controle quando os cães se multiplicam em um ritmo tão acelerado.

O imenso tamanho do problema e a implacabilidade com que novos cães vão aparecendo podem ser desalentadores. O esforço necessário só para manter esses filhotes vivos significa interromper tudo o que você está planejando para ajudar a remediar o quadro geral.

Depois de um pouco de pesquisa, descobri que o leite de cabra é uma bebida nutritiva para os filhotes, seja como substituto para o leite das mães, seja apenas como suplemento. A visão de filhotes animados lambendo o leite, abanando os rabinhos minúsculos e contentes, é uma das coisas mais alegres que já testemunhei na vida.

Tento saborear esses momentos especiais porque, do contrário, apenas lamentaria sem parar a situação dos filhotes. É caro cuidar de filhotes em comparação aos cães mais velhos (segundo meus cálculos, salvar cada filhote que encontro custa cerca de 200 dólares, se incluirmos castração, remédios, leite de cabra, comida, transporte, cuidados e outras coisas). Não parece muito, mas, quando você multiplica, a soma fica exorbitante.

Comecei a comprar galões de leite, para o caso de as mães precisarem de ajuda para alimentar os filhotes ou, pior, para o caso de elas os abandonarem à própria sorte.

Passei por um aperto com Angel, cadela de rua que encontrei morando com oito filhotes à beira de uma estrada movimentada. Que Deus a abençoe, ela vivia tentando protegê-los do tráfego, mas era só uma questão de tempo até que fossem atropelados. Os três filhotes mais bonitinhos foram adotados por moradores locais, mas a Angel ficou com os outros cinco, que — infelizmente — não foram alvo do mesmo desejo. Embora recebessem comida e leite de cabra duas vezes por dia, suas chances na estrada movimentada nunca foram boas, por mais que eles tivessem uma mamãe amorosa e que Angel se desdobrasse para fazer o melhor que podia.

Certo dia, no entanto, quando Angel desapareceu, e os pobres filhotes se viram na obrigação de se virar por conta própria, as chances de sobrevivência dos pequenos diminuíram drasticamente. Durante quatro dias, fiquei apavorado com a perspectiva de futuro que eles tinham. Junto de outros voluntários, elaborei um plano para tentar transferir os filhotes para um lugar seguro... e foi então que aconteceu um milagre: Angel enfim foi encontrada — graças a uma postagem no Facebook — do outro lado da ilha.

Nunca saberemos como ela chegou lá, mas quase chorei quando conseguimos levar a mãe e os filhotes juntos para um lugar seguro à beira-mar, longe do tráfego, onde eles poderiam receber cuidados diários. Dois moradores locais de bom coração até construíam casinhas para eles. Mansões caninas na praia! Comida, água e abrigo. Fiquei feliz da vida em ver todos os filhotes juntos e seguros e por saber que o futuro deles seria muito mais radiante na companhia da mamãe.

Contudo, essa foi apenas uma história com um final feliz. Nesse ritmo, como é que eu poderia seguir adiante? Uma coisa é quando os cães são filhotes, porque todo mundo ama um filhote, eles são bonitinhos, fofinhos e adoráveis. Os humanos são mais propensos a jogar restos de comida para os cães quando são pequenos. A realidade, no entanto, é que quase todos os filhotes terão uma vida difícil pela frente. Muitos morrerão ainda pequenos, ou ter uma vida brutalmente fugaz e, enquanto viverem, sofrerão e passarão por graves privações na busca por comida e, provavelmente, na luta contra doenças.

Como eles ainda não entendem os perigos da estrada, é natural que haja uma grande chance de alguns dos filhotes serem atropelados por um carro ou moto de passagem. As mães protetoras podem ter o instinto de resguardá-los da melhor maneira possível latindo para os carros, mas, no caso de uma ninhada de sete filhotes, bem, aí nem mesmo a melhor mãe do mundo é capaz de manter todos longe do fluxo de veículos.

Os carros não são o único elemento que esses filhotes precisam evitar; aqui também há cobras, parasitas e humanos que querem se livrar deles. Se um empreiteiro ou dono de resort estiver construindo um novo conjunto de apartamentos ou um hotel, não vai querer cães de rua de aparência fedorenta à espreita para desvalorizar a área. Muitos cães e filhotes acabam vítimas de venenos especificamente destinados a eles.

Parece mais cruel ainda saber que, em outros países, muitos desses filhotes seriam vendidos por 1.000 dólares cada e que o mais provável é que se tornariam animais de estimação muito amados, com uma vida saudável e segura. Aqui na Tailândia, de alguma maneira eles têm de dar um jeito de sobreviver contra tudo e contra todos. A vida é muito injusta.

As fêmeas entram no cio e logo começam a atrair a atenção dos machos, e assim o ciclo continua. É brutal. Quando você pensa que está conseguindo alimentar e amamentar todos os cães, chega outra leva. Eles parecem brotar de todos os lugares — você os encontra na estrada, na selva, em buracos e barracos abandonados.

Lidar com a época de filhotes exige que todos estejam a postos, e sou muito grato a todas as pessoas que me auxiliam: há quem me ajude a cuidar dos filhotes durante a noite; quem construa pequenos abrigos; quem transporte os filhotes de carro; quem me ajude a procurar lares (essa é sempre a iniciativa ideal e com menos chance de sucesso, mas nós tentamos); e quem alimente e medique os filhotes conforme eles vão crescendo.

Resumindo: toda vez que descubro mais dois filhotes, tenho que vasculhar meus grupos de WhatsApp e reunir um pequeno exército de pessoas só para essas duas minúsculas crias que exigem um bocado de atenção.

Embora isso pareça contraintuitivo para alguém como eu, que ama cachorros, ficou evidente que minha missão mais ampla de ajudar os cães precisava ter como prioridade absoluta o intuito de impedir ao máximo o nascimento de mais filhotes. Alimentar os cães foi um bom começo, mas era só a ponta do iceberg. Precisava haver um controle da população deles para que o ciclo de sofrimento fosse interrompido. Alimentar os cães em si, decidi, era tão eficaz quanto tentar tratar um ataque cardíaco com um curativo.

A bem da verdade, às vezes eu me pegava pensando se alimentar os cães — embora sem dúvida fosse uma ação bem-intencionada — era um plano ingênuo demais e se servia apenas para piorar o cenário como um todo. Afinal, ao alimentá-los, você os torna mais fortes e, portanto, mais saudáveis e mais propensos a procriar.

É uma questão complicada, e há muitos argumentos diferentes, todos com alguns pontos válidos. Não existe um manual para instruir as pessoas sobre a melhor forma de lidar com a situação dos cães de rua na Tailândia. Já era assim décadas antes de eu aparecer. Julguei que a única coisa que de fato poderia fazer era seguir meu instinto. Eu não conseguia me afastar dos animais que precisavam tanto de uma refeição, mas, ao mesmo tempo, tinha que fazer planos para interromper o ciclo pernicioso ao castrar os cães, o que melhoraria a qualidade de vida deles.

Não seria, entretanto, um baita pesadelo logístico executar um plano desses? Tentei pensar em tudo. Cada castração custaria cerca de 40 a 50 dólares, mas havia o tratamento pós-cirúrgico, pois os cães precisam ser medicados por vários dias para garantir que não contraiam infecções, e depois é necessário retirar os pontos da cirurgia. Seria possível tentar fazer isso em larga escala? Como eu conseguiria pegar os cães? Foi preciso descobrir por conta própria o que poderia ou não ser realizado.

A fim de saber o que seria possível, como uma espécie de teste, eu me propus a tentar capturar um dos cães menores e mais amigáveis da selva, o sr. Fox.

Ele fazia parte de uma matilha de três — o sr. Fox, a sra. Fox e a tia Fox —, porque todos eram castanho-avermelhados, tinham focinhos pontudos e orelhas em pé e um sorriso meio lupino também, como uma raposa. Pela forma como o sr. Fox se comportava com os demais, deduzi que ele era a alma mais gentil, sem jamais demonstrar um pingo de agressividade; portanto, era um cachorro perfeito para realizar meu teste.

Eu estava nervoso para saber como funcionaria minha tentativa de captura. Contudo, depois que o atraí com a promessa de comida, o pequeno sr. Fox veio de bom grado até mim, como se soubesse que, no fundo, eu tinha as melhores intenções. *"Tudo bem, Niall"*, ele parecia dizer, dando de ombros. *"Vou confiar em você desta vez, meu chapa."*

Tomei cuidado para não fazer movimentos bruscos, e o sr. Fox era tão tranquilo e pequeno que foi muito fácil agarrá-lo. Ele não se deixou persuadir a entrar na caixa simples que peguei emprestada de um amigo, mas se sentou com alegria no banco do passageiro, e eu o acariciei e o mantive calmo enquanto percorríamos o trajeto de trinta minutos até o consultório do veterinário. Também contei com um carro emprestado de um amigo.

Se pretendo fazer isso mais vezes, vou ter que comprar um jipe pra mim...

Num piscar de olhos, o veterinário removeu os testículos do pobre sr. Fox. Foi tudo bem descomplicado, e, durante a operação simples, o veterinário tatuou um pequeno "V" na orelha do cachorro para marcá-lo. Isso significava que, se alguém — talvez outro voluntário — encontrasse o sr. Fox quando ele estivesse mais velho, saberia que o cão já tinha sido castrado. Seria um desperdício lamentável anestesiá-lo para uma cirurgia de castração e descobrir que alguém já havia cuidado desse quesito. Os veterinários podem usar pequenos sinais diferentes, nem sempre um "V", mas, via de regra, qualquer pequena tatuagem na orelha significa a mesma coisa.

Após se recuperar da operação, o sr. Fox voltou em segurança para a selva algumas horas depois, já com a medicação circulando no organismo para evitar qualquer possível infecção pós-operatória, e prometi que, depois de alguns dias, o levaria de volta ao veterinário para fazer um check-up e retirar os pontos.

Todo o procedimento, felizmente, foi um sucesso — e, o mais importante de tudo, isso significava que o sr. Fox não seria capaz de gerar mais filhotes com a sra. Fox, a tia Fox nem qualquer outra cadela adorável da ilha. Conseguimos impedir que centenas de futuros filhotes tivessem que comer o pão que o diabo amassou na selva.

Dei ao sr. Fox muita comida e carinho para recompensá-lo por sua recém-infertilidade.

— Desculpe, cara — disse, sorrindo —, mas juro que é pro seu bem.

Foi bom saber que capturar os cães de rua era possível. A única maneira de dar conta de realizar esse trabalho é manter a confiança e o otimismo. Resolva o problema diante de você e passe logo para a parte seguinte do quebra-cabeça. Tudo o que eu tinha que fazer então era ajudar vários milhares deles... mas já era um começo, e um passo importante na direção certa.

Nessa época, eu estava gastando com a missão canina cerca de 2 mil dólares por mês do meu bolso, custeando comida, contas do veterinário e remédios. Era algo que eu conseguia administrar e estava avidamente disposto a continuar gastando sempre essa quantia, além de doar todo o meu tempo. Era o que eu queria fazer.

Entretanto, eu sabia que, se quisesse concretizar meu ambicioso plano de castração dos cães e de fato fazer a diferença no longo prazo e modificar o cenário de maneira mais ampla, precisaria de mais recursos. Eu sempre recebia doações de pessoas que viam minhas postagens nas redes sociais e queriam ajudar. Mal dava para acreditar em quanto apoio estava recebendo. Acho que as pessoas amam mesmo cães, ainda que estejam do outro lado do mundo. A comunidade cooperava comigo, e, com generosidade, gentileza e amor compartilhados pelos cães, eu sabia que tínhamos condições de ajudar muito mais.

Desde minha primeira postagem sobre os cães, pelo menos cinquenta pessoas me enviaram mensagens querendo fazer doações.

Fiquei muito emocionado, mas, antes de poder aceitá-las, eu precisava colocar todos os aspectos em ordem do ponto de vista logístico e verificar se estava tudo correto em termos jurídicos para ter certeza de que estava fazendo as coisas do jeito certo.

Em meados de abril de 2022, tudo já estava em ordem para começarmos a aceitar doações da comunidade, com uma caixinha on-line de doadores, e também julguei ser importante que as pessoas vissem como e em que o dinheiro seria gasto, ou seja, na castração de cinquenta cães por mês, na alimentação de muitos mais por dia, na compra de medicamentos preventivos e em consultas veterinárias de mais cães como Lucky.

Expliquei que 5 dólares custeariam a alimentação de dez cães, e 500 dólares cobririam as despesas da castração de dez, o que, no longo prazo, salvaria centenas de vidas caninas. Pedi 4 mil dólares, mas as doações simplesmente chegaram aos montes — em uma semana, arrecadei 8 mil dólares, e cada centavo de dólar, libra e euro foi bem utilizado na castração de cães.

Contar com a confiança das pessoas para usar o dinheiro delas foi uma lição de humildade. Isso me deu ímpeto e energia, e me fez jurar que honraria meus compromissos, pois as pessoas estavam me apoiando com muita generosidade. Eu não podia decepcionar ninguém.

Comprei um jipe velho e surrado, pois não podia continuar pegando carros emprestados para levar os cães ao veterinário, e consegui duas caixas de transporte para animais a fim de poder iniciar de imediato o programa de castração. Como eu precisava atingir a meta de cinquenta cães por mês, não havia tempo a perder. Eu estava imbuído de uma incrível energia nervosa. Parecia meu primeiro dia de aula, ou a primeira vez que entrei em uma cozinha na época de treinamento para me tornar chef. Era empolgante ter a consciência de que fazia quinze meses que eu estava sóbrio, de que tinha reconstruído minha vida e de que estava colocando em ação um plano importante.

Não havia nada mais apropriado do que Angel ser a primeira cadela a ser levada ao consultório. Eu estava determinado a não permitir que ela passasse por outra provação como a que enfrentara com seus filhotes. Apenas oito semanas após dar à luz, ela já estava despertando o interesse masculino, e não podíamos nos dar ao luxo de deixá-la ficar prenhe de novo. A operação ocorreu sem complicações, e um amigo veterinário me ensinou a remover sozinho os pontos pós-operatórios usando um cortador de unhas. Foi uma dica útil, pois significou menos idas ao veterinário, o que me proporcionava tempo para ajudar mais cães. Sempre havia muitos que precisavam dessa ajuda.

Enquanto escrevo este livro, já são 350 cães castrados desde o início de abril de 2022, e, graças a maravilhosos parceiros e doações, o ritmo de castração agora é de cinquenta cães por mês. Contudo, é exaustivo e incessante.

Há dias durante a época de filhotes em que dou de cara com cinquenta deles, e, para ser sincero, quando isso acontece, sinto vontade de chorar de frustração; mas aí a bondade de alguém restaura minha fé na humanidade. Meu novo amigo local, o jovem Chris, que é cadeirante, por exemplo. Ele viu que eu estava tendo dificuldade de capturar os cães para castração; nunca é fácil, pois os cães de rua são desconfiados porque não sabem para onde serão levados.

Depois de muitas tentativas frustradas — e duas horas sem conseguir pegar um único cachorro —, esse garotinho acenou para mim. Ele disse que sabia onde havia cachorros e nos guiou pelo acampamento dos trabalhadores migrantes, saindo em disparada em sua cadeira de rodas para diferentes bandos de cães, todos amigáveis. Ele nos ajudou a pegar sete cães com muita facilidade em apenas vinte minutos. E fez isso com um sorriso estampado no rosto e uma enorme empolgação por estar envolvido. Ele não quis receber nada em troca por seu tempo, estava encantado por ter ajudado, mas fiz questão de pôr algumas cédulas simbólicas na palma de sua mão, para que ele pudesse ir à lojinha de doces. Quando voltei ao meu veículo, alguém tinha feito a gentileza de deixar algumas cebolas para mim. São pessoas como essas que me mantêm esperançoso e otimista quando mais preciso.

Em geral, as crianças são ótimas para tranquilizar os cães e nos ajudar a pegá-los. Os cães confiam nelas. São amigos delas. Isso me fez pensar em como a inocência de crianças e filhotes muitas vezes se perde em meio à dura realidade da vida. Eles podem ser muito puros. Somos nós, os humanos mais velhos, que muitas vezes os estragamos de alguma forma.

Sei que, do ponto de vista logístico, seria melhor focar apenas a castração, em vez de fazer todas as outras coisas, como organizar comida para oitocentos cães, cuidar dos doentes e resgatar filhotes. Só que aí a tela do meu celular se ilumina com uma nova mensagem: "Sei que você está exausto, Niall, mas temos um problema..."

Embora eu seja grato por existirem pessoas que se importam com os cães, é difícil não sentir uma profunda tristeza ao receber essas mensagens... *Mais filhotes, sério?* Seria necessário, contudo, ter um coração de pedra para ser capaz de ouvir o ganido de um filhote assustado, choramingando e procurando a mãe, e não sentir que precisa fazer algo.

É muito difícil parar o fluxo de novos cães, e, em muitos níveis, esse é um problema grande e complicado de resolver. Entretanto, não posso virar as costas e ir embora; tudo o que posso fazer é mantê-los seguros e alimentados e levá-los para tomar vacinas — e as cirurgias de castração, quando tiverem idade suficiente —, de modo a lhes propiciar uma chance muito melhor na vida. Procurar lares parece uma tarefa impossível, mas é disso que precisamos.

Uma coisa que *já aprendi* é não tentar pegar cães para castrar no mau tempo. Por um lado, quando chove, eles se escondem; por outro, isso atrasa todo o processo, pois o tráfego de veículos na estrada fica mais pesado e mais lento, e precisamos nos preocupar em secar os voluntários etc. Acabei aprendendo a verificar a previsão do tempo.

As pessoas costumam me perguntar se já fui mordido por algum cão. Até pouco tempo, um ano depois de ter começado meu trabalho, eu sempre respondia "não", com um pouco de presunção. No entanto, talvez a mordida estivesse fadada a acontecer. Aconteceu enquanto eu tentava pegar cães para castrar, e acho que foi porque fiquei complacente demais.

Encontrei um garotão branco, grande e nervoso, meio parecido com um retriever, mas com um pouco de pastor alemão na mistura, e *pensei* que ele estava devidamente sedado. Nós compramos os comprimidos de sedativos no consultório veterinário. Em geral, sedar os cães é necessário, mas pode ser arriscado, pois você nunca tem certeza se eles já tomaram a dosagem certa. Assim, pensei que ele estava dormindo e me esgueirei por trás dele para pegá-lo e levá-lo ao veterinário. É lógico que minha ação não foi nem um pouco sensata! Ele não estava de todo adormecido e, o que foi compreensível, entrou em pânico com meu movimento repentino.

Foi um erro bobo da minha parte. O cachorro logo abocanhou meu braço direito, e caí como se tivesse levado um tiro, gritando feito um bebê.

Eu sabia que, em caso de mordidas, o tratamento precoce era crucial, e fui levado direto ao mesmo hospital particular onde dois anos antes eu fora internado na UTI. Lá, limparam o ferimento, recebi alguns pontos e tomei vacinas antirrábicas (embora não haja casos de raiva na ilha, parecia sensato), antitetânicas e antibióticos.

Não deixei isso me esmorecer nem me desencorajar. As pessoas foram muito gentis e logo se ofereceram para ajudar. Até quem nunca tinha alimentado um cachorro na vida prometeu cumprir minha ronda de alimentação.

Aquela mordida pode ter sido inconveniente, mas, no fim das contas, mais seis cães tinham sido castrados, vacinados e retirados da perigosa rodovia de mão dupla onde estavam vivendo. Verdade seja dita, não foi culpa do cão; ele estava assustado e reagiu por instinto. No dia seguinte, até levei algumas salsichas para o garotão a fim de mostrar que eu não guardava ressentimentos.

9

QUEM VOCÊ LEVA PARA CASA QUANDO NÃO PODE LEVAR TODOS?

Jumbo era um cão de rua idoso que vivia sozinho debaixo de um carrinho de comida em uma rua movimentada. Como a maioria dos cães de rua, ele estava coberto de carrapatos e pulgas. Os horríveis carrapatos entram nas orelhas e se alojam entre as patas e em qualquer lugar do corpo do animal que seja quente. É um parasita repulsivo e terrivelmente desconfortável para os cães. Porém, com medicamentos básicos, em geral é possível se livrar dessas pragas em 24 horas.

Ele também estava com as patas muito inchadas, do tamanho de balões de festa. No entanto, uma semana depois, com apenas algumas idas ao veterinário para tomar um medicamento anti-inflamatório, uma boa sessão de aplicação de talco antipulgas com ação antipruriginosa, um banho para ficar bem limpo, além de muita comida nutritiva, a mudança foi extraordinária.

Jumbo tinha problemas renais e precisava de tratamento, mas as patas começaram a voltar ao normal, então decidi lhe dar um dia na praia com Snoop. Minha esperança era que a água salgada aliviasse um pouco as patas, mas, em vez de entrar no mar, Jumbo ficou feliz de se sentar na areia e observar Snoop chapinhar a água. Os dois se deram tão bem que logo se tornaram inseparáveis e, na hora de dormir, se enrodilhavam juntos.

Sabendo que Jumbo era velho — já tinha mais de 10 anos — e vendo quanto sua qualidade de vida tinha melhorado depois de apenas uma semana comigo, eu sabia que não teria coragem de vê-lo de volta às ruas.

Perguntando aqui e ali, descobri que Jumbo costumava morar numa casa com seus tutores estrangeiros, mas eles o deixaram para trás quando fugiram do país no início do surto de covid. (Eu sei, como é que eles puderam fazer uma coisa dessas?! Contudo, quem sabe também o que estava acontecendo na vida dessas pessoas...) O pobre Jumbo era um cão de rua havia dois anos. Parecia mais cruel ainda saber que ele tinha tido uma vida boa e que depois fora obrigado a se adaptar a viver nas ruas.

Jumbo ficou tão grato por estar confortável que decidi que ele poderia passar o restante de seus dias numa boa comigo e com Snoop. Eu o conheci no fim de sua vida e queria lhe proporcionar alguns momentos de felicidade depois de ele ter pelejado por tanto tempo. Com alegria, Snoop e eu acolhemos o velho rapaz na nossa gangue.

Entretanto, Jumbo era apenas *um* cachorro. Havia muitos outros necessitados. Por exemplo, a Donatella, uma cadela de rua branca, linda e meiga que estava em maus lençóis do outro lado da ilha, morando em um posto de gasolina. A pobrezinha devia estar com muita dor, pois suas partes íntimas estavam gravemente infectadas. Além disso, havia várias feridas abertas, e ela estava tão fraca que mal conseguia ficar de pé. Consegui amenizar um pouco seu sofrimento, depois a levei ao veterinário, a alimentei e, graças a injeções e medicamentos, a coloquei no caminho da recuperação. Contudo, ela ainda estava a 15 quilômetros de distância e na rua. Alguém na Inglaterra se ofereceu para acolhê-la, mas eu não tinha onde deixá-la enquanto ela se recuperava. Não era a situação ideal para a Donatella.

Talvez você esteja pensando: *Niall, por que você não levou a Donatella para sua casa?* Acredite em mim, isso é muito sério, não é algo que eu trate com leviandade. É a pergunta que fica girando o tempo todo na minha cabeça. *Quem eu levo pra casa?* É uma escolha muito difícil quando há tantos animais necessitados. É a pergunta que me tira o sono à noite e me causa muita ansiedade. Se você estivesse aqui comigo e todos os cães, sua resposta talvez fosse diferente da minha. A verdade é que é provável que não exista uma resposta certa.

Por mais que quisesse fazer isso, eu sentia que levar os cães para casa atrasaria meu trabalho. Minha lógica era que a melhor maneira de utilizar meu tempo era estar "em campo" para encontrar mais soluções em massa. É lógico que eu poderia facilmente levar vinte cães para casa, mas isso não resolveria nada. O argumento de proteger os filhotes necessitados é válido, mas como é que eu deixaria os cães feridos nas ruas para se virarem sozinhos? No caso de cães que foram atacados, uma questão me preocupava: devolvê-los às ruas depois de alimentá-los e tratar de suas necessidades médicas básicas era o equivalente a deixá-los para morrer?

Na ilha, a situação cotidiana está sempre mudando. Novos problemas relacionados aos cães entram em cena de hora em hora. Primeiro, recebemos a ligação de um turista que avistou um cão machucado; em seguida, chega a mensagem de um voluntário aflito por ter visto um cão doente que precisa de tratamento urgente, caso contrário morrerá. Quero ajudar o maior número possível de cães, e às vezes isso significa simplesmente colocá-los na melhor forma possível em termos de saúde antes de soltá-los de novo nas ruas.

Volta e meia, pessoas que vivem nos Estados Unidos, na Inglaterra ou na Irlanda se oferecem para adotar um cão e lhe dar um lar, o que é maravilhoso, e fico muito grato por isso. Embora aconteça, é um longo processo e não é tão prático despachar todos os cães para longe do ambiente em que nasceram. Uma adoção "fracassada", sobretudo no exterior, pode ser mais prejudicial do que manter os cães nas ruas no ambiente onde nasceram.

A solução à qual sempre retornarei é castrar o máximo possível de cães de rua e apagar os incêndios que surgirem. Não é perfeito e, para o cão, muitas vezes significa vida ou morte. Entretanto, fundamentalmente, são esses os meus argumentos quando alguém me pergunta: "Por que você não leva o cão para casa com você?"

Posso não acertar todas as vezes, e, acredite, há dias sombrios em que a depressão bate forte e questiono todas as minhas decisões, mas quase sempre encerro o dia sabendo que tentei dar o meu máximo.

Toda essa angústia me fez perceber que encontrar um lugar para abrigar mais cães, como o Jumbo e a Donatella, deveria se tornar minha próxima prioridade. Eu queria que todos os cães encontrassem um lar definitivo, de preferência com uma família amorosa. Contudo, sabia que isso levaria muito tempo e talvez nem sequer fosse possível.

Então, eu precisava fundar um lugar seguro onde eles pudessem ficar enquanto se recuperavam de uma doença ou da cirurgia de castração — ou, no caso de alguns cães, uma casa de repouso onde pudessem viver o fim de seus dias sem ter que procurar comida e ser infestados por parasitas.

Eu sabia que precisava alugar ou comprar o terreno e, em seguida, erguer algumas construções para abrigar os cães. Fazer malabarismos me revezando entre o jipe, a scooter e o pequeno apartamento simplesmente não era mais sustentável. Eu gastava tempo demais transportando animais doentes e tendo que devolvê-los às ruas em situações muito complicadas. Também estava gastando uma pequena fortuna para manter cães no veterinário e vários outros lugares que custavam dinheiro. O único ato lógico a fazer era encontrar um terreno e construir um local seguro onde os cães mais doentes e necessitados pudessem se recuperar. Eu precisava de um espaço físico. Só faltava encontrar o lugar certo.

Durante semanas a fio, visualizei um lugar na minha cabeça, uma espécie de pequeno nirvana canino. Visualizar coisas é minha estratégia para me manter motivado. No entanto, eu precisava levantar a bunda da cadeira e concretizar o plano. Para enxergar o cenário com mais lucidez, listei todas as coisas úteis que poderíamos fazer em um lugar como o que eu almejava construir. Sempre adoto um método que me ajuda muito: escrever planos e compartilhá-los com as pessoas na minha newsletter ou nas minhas redes sociais. Isso faz com que eu me sinta mais responsável. Depois que meus planos são registrados por escrito e todo mundo toma conhecimento deles, eu me obrigo a concretizá-los, por mais difíceis que possam parecer. Então, certa noite, digitei no notebook uma lista de itens, com todos os pormenores, explicando por que exatamente eu precisava de um lugar adequado, um pedaço de terra especial no qual:

- os cães possam se recuperar após procedimentos e/ou doenças;
- podemos preparar em larga escala uma comida mais saudável para os cães;
- podemos mostrar os cães aos visitantes (para potenciais novos lares);
- podemos castrar os cães;
- damos condições para que os cães sejam adotados;
- informamos as pessoas sobre os cães.

Imaginei pequenos caminhões chegando para coletar a comida preparada por nós mesmos nas instalações. Voluntários passeando com os cães pela selva. Pessoas felizes tirando fotos. Uma família escolhendo um filhote. Turmas de estudantes visitando as instalações e aprendendo sobre os animais. E, acima de tudo, visualizei cãezinhos como a Donatella e tantos outros necessitados tendo acesso a condições para se recuperar em um lugar muito mais seguro.

Depois de elaborar minha lista tim-tim por tim-tim e ponderar todos os aspectos, fiz a única coisa sensata e, naquela mesma semana, combinei de me reunir com as pessoas para começarmos a ver alguns terrenos.

* * *

Em maio de 2022, os cães já tinham tomado conta da minha vida por completo. Levando-se em consideração que eu só tinha conhecido Lucky e começado a alimentar os primeiros vinte cães em janeiro, eles pareciam ter dominado a minha vida e todos os meus pensamentos em poucos meses. Contudo, sempre fui determinado e focado quando precisava, e depois que ponho a mão na massa para valer é difícil parar. Essa nova obsessão em fazer a diferença me trouxe à lembrança minha época de menino obstinado na Bélgica, treinando os passes de futebol várias vezes até melhorar. Só que, dessa vez, aos 42 anos, eu tinha vivido muito e aprendido algumas lições importantes ao longo do caminho.

Dar o pontapé inicial nesse projeto foi até fácil nos primeiros três meses. Num piscar de olhos, a iniciativa cresceu e passou a alimentar oitenta cães por dia, castrou duas dúzias, arranjou novos lares para três e curou vários outros que estavam muito doentes.

Era inevitável que eu voltasse ao meu jeito empresarial de pensar e encarar as coisas. Tive o que se chama de "certo crescimento inicial suave". (Isso é uma coisa boa, a propósito, embora pareça cômico quando se fala de cães, eu sei.) Só que, em maio, em termos de negócios, eu tinha acabado de chegar ao ponto que chamam de "meio bagunçado". É a parte intermediária de qualquer projeto, uma fase que parece difícil quando se está inserido nela sem enxergar uma saída, mas é possível chegar lá caso se consiga encontrar o caminho.

Para simplificar, agora sem utilizar o jargão empresarial: meus dias eram incessantes. E eu sabia que isso precisava mudar antes que eu me exaurisse por completo e nunca atingisse o escopo mais amplo que julgava ser possível algum dia.

A seguir, apresento um cronograma de um dia típico (embora o conceito de "dia típico" não exista neste ramo de trabalho), incluindo umas dezenas de filhotes ou emergências:

- 6h. Acordar para alimentar o Snoop e o Jumbo e passear com eles.
- 6h30. Comprar suprimentos.
- 7h-8h. Alimentar oitenta cães.
- 8h-9h30. Encontrar e resgatar dois cães para castração + dirigir até o veterinário.
- 9h30-10h30. Café da manhã e responder mensagens (eram *muitas*, e, nesses primeiros meses, tentei responder o máximo possível).
- 10h30-12h. Acompanhamento de cães doentes, idas ao veterinário e medicamentos.
- 12h-13h. Almoço e primeiras postagens nas redes sociais. (Editar e postar conteúdo leva tempo, mas as pessoas que vivem nos Estados Unidos, na Inglaterra e na Irlanda têm um interesse genuíno em saber como estão os cães, e isso me ajuda a me sentir conectado à comunidade que ama cachorros. Estou no Instagram e no X e faço vídeos no YouTube para educar todas as crianças sobre meu trabalho, pois algumas delas ainda não têm permissão para usar redes sociais. O próximo passo será fazer publicações em tailandês para os moradores locais, mas um passo de cada vez...)
- 13h-14h30. Em teoria, é meu tempo livre. (Tento me sentar em uma cafeteria e me presenteio com um doce e uma xícara de café, meus prazeres proibidos. Tá legal, eu sei que comer doce não é saudável, mas, desde que parei de beber, fumar, usar drogas e apostar em jogos de azar, acho que mereço ceder um pouco aos meus desejos para me estimular.)
- 14h30-16h. Buscar os cães da castração e levá-los de volta.
- 16h-17h. Passeio e brincadeiras com o Snoop e o Jumbo.
- 17h-18h. Segunda ronda de alimentação para cães adultos ou filhotes doentes.
- 18h-19h. Jantar e segunda rodada de postagens nas redes sociais. (Ultimamente, estou com dificuldade para responder às mensagens nas redes sociais, mas espero que as newsletters que tenho publicado forneçam um panorama geral do que

venho fazendo e de que maneira planejo ajudar um número maior de cães o mais rápido possível. *Adoro* ouvir os leitores, isso me mantém ativo, então, por favor, não parem!)
- 19h em diante. Em teoria, é quando tento trabalhar no plano mais amplo.

Esse "dia típico" varia, dependendo se é a temida temporada de filhotes ou se surge outra crise inesperada. Não levo cães para castração todos os dias, mas estou sempre procurando novos cachorros, e é sempre desafiador do ponto de vista logístico, como deu para perceber.

Tomar decisões de vida ou morte pode ter efeitos terríveis sobre mim e sobre os outros voluntários e prejudicar nossa saúde mental. Para não ficar esgotado, tento lidar com isso fazendo exercícios físicos, ou uma massagem quando tenho meia hora livre. Sem dúvida, tenho muito mais energia desde que parei de beber, graças a Deus.

Não precisa ser um gênio para entender por que minha vida amorosa estagnou... Não tenho muito tempo para namorar. Acho que, no fundo, sei que meus relacionamentos fracassaram por causa dos meus problemas com bebida e comprometimento. E sei que as pessoas que evitam se machucar sempre dão a desculpa banal de "estou ocupado demais com o trabalho".

Neste caso, contudo, é a mais pura verdade. Acontece que tenho a sensação de estar vivendo um momento especialmente frenético. E me sinto muito feliz por estar fazendo isso. É óbvio que estou aberto a conhecer alguém um dia. Entretanto, isso não está em questão agora. Pelo menos por enquanto. A pessoa teria que ser uma lunática para querer estar comigo e com todas as minhas constantes ansiedades e preocupações com os cachorros. Uma namorada não me veria durante 23 horas do dia, e um homem carregando comida de cachorro por aí, dirigindo uma scooter de um lado para o outro, mal vestido e cheirando a cachorro não é exatamente um bom partido.

Portanto, manter um relacionamento está longe do reino das possibilidades no momento, e é assim que as coisas são. Eu me reconstruí do zero e estou muito focado em nosso trabalho.

Tenho que aceitar que agora as únicas fêmeas especiais na minha vida são as de quatro patas. Quem sabe um dia eu encontre alguém disposto a encarar essa situação, mas não é minha prioridade. Os cachorros são.

Por favor, não pense que estou reclamando. É um privilégio estar aqui, rodeado por cães em um paraíso tropical. Estou mais feliz e realizado do que nunca. Contudo, ainda chego exausto ao fim do dia. Fico irritado comigo mesmo por não ter feito algumas coisas com um pouco mais de rapidez e ainda vivo com a corda no pescoço em meio às emergências caninas. É fácil afirmar que vou me concentrar nos grandes planos para o todo mais amplo, mas aí me deparo com outros quatro filhotes sem mãe e sou arrastado em outra direção.

Tenho grandes intenções para o horário das sete da noite e estou trabalhando com afinco para converter em realidade os planos futuros mais grandiosos, mas quase sempre estou tão cansado fisicamente por causa do dia frenético que muitas vezes olho para a tela do computador e estou caindo de sono às 20h30.

Toda vez que me sento para jantar e ler as mensagens, fico impressionado com o volume de apoio que recebo. Se não fosse pelas redes sociais e pelo incentivo das pessoas, é provável que fosse uma empreitada bem solitária. Assim como com os cachorros, sinto que não quero decepcionar todas as pessoas que me ajudam. Isso também alimenta minha sobriedade. Se eu começasse a beber de novo, quem cuidaria de todos os cachorros e gravaria vídeos para fazer as pessoas sorrirem? O mundo continuaria, é lógico, mas gosto de usar esse pensamento para me levar adiante todos os dias. E se eu também puder inspirar outras pessoas mundo afora — onde quer que morem — a serem bondosas com os cachorros, serei um homem feliz.

10

O AMOR DE MÃE É O MAIOR QUE EXISTE

Beyoncé morava na selva de Koh Samui e apareceu por acaso no meu caminho na manhã de abril de 2022, com outras duas fêmeas, todas famintas, lindas e ferozes. Não me refiro a ferozes no sentido de agressivas, pois elas eram tudo menos isso, quero dizer que eram descoladas e atrevidas, e muitas vezes pareciam um trio de artistas pop. Por esse motivo eu as apelidei de Destiny's Child, embora, a meu ver, a Beyoncé sempre tenha sido a verdadeira estrela do show.

Beyoncé tinha o pelo mais liso e perfeito do mundo, mas, cara, ela era magra em um nível desesperador. Não existem cachorros de rua gordos, eu sei, mas a Beyoncé era só pele e osso. Dava para contar cada costela da bichinha, e até seu rosto comprido parecia emaciado. Estava na cara que ela não era uma cadela velha, mas ainda assim não tinha muita força.

No entanto, Beyoncé era extremamente inteligente e, assim que cronometrou minha rotina, começou a aparecer sempre trotando às sete da manhã, de cabeça erguida, olhos brilhantes em alerta, farejando ansiosa em busca de uma refeição. Além disso, quando a comida era colocada na frente dela, Beyoncé engolia tudo em tempo recorde e depois ficava me encarando com grandes olhos castanhos, implorando para repetir, como se fosse o Oliver Twist.

Não estou exagerando. Beyoncé comia quatro vezes mais que outros cães.

Parecia extremo, mas, ao mesmo tempo, achei que não era gula, e sim que ela precisava mesmo da comida. Meu instinto foi não me negar a alimentá-la, porque sua fome parecia urgente. Naqueles primeiros dias, eu não sabia muito sobre cães, mas vi que suas tetas estavam bem inchadas, sinal de que havia parido recentemente.

Agora que já aprendi muito mais sobre animais, só de olhar para a Beyoncé eu seria capaz de dizer que ela estava amamentando, mas na época eu não tinha muito conhecimento. Suas crias, no entanto, nunca foram encontradas. Perguntei a todo mundo na região, e nenhum dos moradores ou outros voluntários tinha visto a ninhada. Certa vez, tentamos seguir Beyoncé selva adentro para ver se conseguíamos localizar e ajudar os filhotes, mas não encontramos nenhum sinal deles.

Algo que acontece com frequência, conforme aprendi conversando com moradores locais, é que cadelas que acabaram de parir são abandonadas depois de darem à luz. Não é incomum as pessoas envenenarem os filhotes e largarem a mamãe na selva para se virar sozinha.

Trabalhamos com base na suposição de que os filhotes da pobre Beyoncé tiveram um fim prematuro e que ela se viu sozinha, tentando sobreviver. É lógico que senti pena da cachorra, imaginando o sofrimento e a crueldade de perder os bebês e ser abandonada à própria sorte na selva. Criei de imediato uma afinidade genuína com ela. Assim como Lucky me reconhecia, a astuta Beyoncé, que tinha a esperteza das ruas, também aprendeu a identificar o barulho da scooter e aparecia correndo para comer.

Determinado a ajudar Beyoncé a ganhar peso, num primeiro momento eu a alimentei com carne enlatada, que era relativamente cara. Enquanto um cachorro de rua comum e faminto acabava com uma lata e ficava satisfeito (a barriga deles não é tão grande, pois estão acostumados a comer esporadicamente), Beyoncé, juro por Deus, devorava quatro latas de uma vez. Eu não tinha condições físicas de carregar latas suficientes para ela.

Meu Deus, o que há de errado com essa cadela faminta?

Assim que ela devorava as refeições, saía correndo e sumia de novo.

Uma das minhas amigas pensou ter visto alguns filhotes, mas oito semanas se passaram com essa mesma rotina voraz da Beyoncé e não tivemos nenhum sinal de sua prole.

Um dia, Beyoncé apareceu com nítidos sinais de que tinha sido atacada por outro cachorro. Um grave ferimento na pata indicava que algo lhe dera uma senhora mordida.

Beyoncé foi a primeira cadela de rua com a qual me senti suficientemente confiante para tentar curar. Limpei e esterilizei o ferimento e dei a ela alguns antibióticos básicos. Foi um passo gigantesco tratar dela na beira da estrada. Consegui consertar o estrago e considerei que isso era uma verdadeira conquista. Fiquei emocionado por ela confiar em mim. *"Obrigada por me fazer melhorar, Niall!"*, ela parecia dizer com aqueles olhos grandes e cheios de alma. Depois, ela saía em disparada de novo.

Alguns dias depois, em julho, minha amiga Lana e eu estávamos fazendo um vídeo divertido sobre alimentar os cães com um jantar especial e delicioso (tento manter certa regularidade nas postagens e o fluxo contínuo das doações, que são vitais). Quando me virei, Beyoncé estava atrás de mim… junto de seus seis cachorrinhos! Eu não conseguia acreditar — eles existiam e não tinham sido envenenados. Beyoncé, como a mãe incrível e protetora que era, mantinha as crias escondidas em segurança numa pequena toca em um barraco abandonado. Sentindo que o mundo era um lugar perigoso para filhotes indesejados, ela mantinha a família fora de vista.

Perguntamos aos veterinários o que poderia estar acontecendo, e a teoria deles era que, em todas aquelas ocasiões nas quais a Beyoncé devorava uma quantidade absurda de comida, ela voltava diretamente aos seus bebês, regurgitava tudo e permitia que eles comessem para sobreviver. Além disso, ela os amamentava para mantê-los vivos e bem. Não é de admirar que não tenha sobrado nada dela. Beyoncé literalmente sacrificou tudo o que tinha para assegurar a saúde da ninhada, mesmo que isso significasse quase morrer de fome.

Fiquei impressionado com sua força e o poder de seu instinto materno. Gritamos de felicidade ao ver os seis filhotes quase idênticos surgirem trotando com alegria atrás da mãe. Todos com o mais adorável pelo caramelo e focinhos escuros — miniversões fofíssimas da própria Beyoncé. Eles tinham cerca de doze semanas de vida e estavam todos surpreendentemente fortes e saudáveis.

É lógico que as orelhas estavam terrivelmente infestadas de centenas de carrapatos e pulgas, mas isso poderia ser resolvido. Beyoncé tinha feito todo o trabalho árduo sozinha, mantendo-os protegidos, vivos e exuberantes. Eles não pareciam nem um pouco desnutridos.

Beyoncé fez uma pose orgulhosa na beira da estrada com os seis filhotes a tiracolo, e a família reunida debutou na vida pública. Ela parecia satisfeita consigo mesma, a mamãe protetora. Beyoncé ter confiado em mim a ponto de me mostrar seus tesouros preciosos foi uma verdadeira vitória.

Antes de iniciar minha missão, eu não tinha ideia de até que ponto seria capaz de ficar tomado de admiração por um cão de rua. Contudo, o amor e a força absoluta que a Beyoncé demonstrou, dando conta sozinha de assegurar nos primeiros três meses de vida de seus filhotes a sobrevivência e a saúde deles, me emocionaram a ponto de querer chorar. Eu me senti muito honrado por ela confiar em mim a ponto de pedir ajuda com a etapa seguinte. Era de fato como se ela estivesse me dizendo, enquanto me fitava com aqueles olhos arregalados: *"Eu os trouxe até aqui, Niall. Por favor, você pode me ajudar com a próxima parte?"*

E é óbvio que foi um absoluto privilégio dar uma mãozinha a essa corajosa mamãe e seus amados bebês. A primeira coisa que fiz foi providenciar para eles uma limpeza geral. Eu já tinha aprendido a remover os carrapatos das orelhas com remédios que acabam com essas pragas em 24 horas. Também cobri todos os filhotes com talco antipulgas, que faz os parasitas fugirem horrorizados, e dei em todos um bom banho com xampu para cães.

Percebendo que os rebentos estariam em segurança, Beyoncé passou a carregar todos eles para as refeições, e logo seu peso começou a aumentar, assim como o dos filhotes. Imagino que fosse um pouco melhor para eles do que comida regurgitada do estômago da pobre mãe!

Eu os vacinei contra uma série de doenças e, assim que atingiram idade suficiente, consegui levar um por um ao veterinário para a castração. Custou cerca de 500 dólares, mas valeu a pena. Era para lhes dar um futuro adequado. A experiência de levá-los foi a coisa mais fofa do mundo. Beyoncé me observava, meio de soslaio, enquanto eu colocava as coleiras e guias nos filhotes e os levava comigo. Pela manhã, eu pegava dois por vez e, quando os devolvia às cinco da tarde, depois do procedimento veterinário, Beyoncé estava sempre à espera, zelosa, na beira da estrada. Ela recebia os filhotes com uma lambida e farejava a pelagem para verificar se estavam bem. Era uma cadela obcecada com o bem-estar dos filhotes e tinha total confiança em mim. Ela aguardava com a maior paciência o retorno do jipe, pois sabia que eu os levaria de volta para casa.

Eu adorava cada um deles. Dois continuaram sendo apenas os bebês da Beyoncé, três receberam nomes de marcas de aspiradores de pó — Hoover, Henry e Dyson —, porque sugavam qualquer coisa que você colocasse na frente deles, e o machinho mais bonito recebeu o nome de Ryan Gosling. Para ser sincero, eu nunca tinha visto um cãozinho tão bonito na vida. Com a coleira laranja brilhante, ele simplesmente exalava todas as qualidades de um astro de Hollywood.

Eles formam o bando mais adorável do mundo. Criados pela mãe superamorosa, todos são educadíssimos e têm os melhores modos imagináveis para um cão de rua: compartilham a comida, são respeitosos e nunca mordem uns aos outros. Beyoncé os tinha criado de forma impecável.

Não me preocupo que essa matilha enfrente uma vida difícil nas ruas. Toda vez que vejo a pequena gangue saudável e feliz, sei que, ao ter conseguido garantir as vacinas e a castração de todos eles, incluindo as da própria Beyoncé, impedi que talvez trinta a quarenta outros filhotes nascessem e tivessem que lutar pela sobrevivência. Eles parecem estar em ótima forma, comparável à dos animais de estimação criados numa casa. Graças à mãe amorosa e a uma ajudinha minha, eles contrariaram todas as expectativas.

Foi uma verdadeira realização, e o comportamento e o caráter da supermamãe Beyoncé fazem meu coração transbordar de tanto amor e respeito por todas as mães altruístas do mundo. Tiro meu chapéu para todas elas.

11

NEM TODOS OS CÃES SÃO FÁCEIS DE AMAR

O resgate de Britney é de longe o mais difícil que já fiz. Não estou falando apenas da parte inicial, que por si só já foi uma experiência que elevou minha ansiedade ao máximo, e sim de todo o tempo em que ela esteve comigo. Britney me levou ao limite muitas vezes. Há dias em que eu a xingo; já em outros, sou obrigado a persegui-la por toda parte; e todos os dias tenho que dedicar a ela muita paciência e tempo.

Sei, entretanto, que Britney desenvolveu seus comportamentos desaforados em reação aos terríveis maus-tratos que sofreu quando filhote. É por isso que todos os dias tenho tentado mostrar a essa cachorra que nem tudo no mundo é uma ameaça. É também por isso que ela recebeu o nome de Britney Spears, cujo comportamento ao longo dos anos exibiu ao mundo as cicatrizes de ser manipulada e maltratada por pessoas próximas.

A verdade é que eu nunca soube até que ponto seria capaz de ajudar a Britney; então, agora, quando a vejo brincar e interagir com outros cães, me permito sentir um pouco de orgulho e pensar que talvez tudo isso seja por minha causa. Foi uma jornada difícil até chegar aqui, então vou contar tudo desde o começo...

Britney veio da situação mais precária e horrível que já encarei desde que iniciei o projeto. Tudo começou com uma ligação da Terri, que faz um ótimo trabalho alimentando cães na selva. Ela encontrou por acaso uma cadela que havia sido abandonada com cinco filhotes. Ela se aproximou da mãe — que mais tarde eu chamaria de Britney —, e a cadela a atacou e mordeu, então ela me ligou para ver o que eu poderia fazer. Fui de jipe até o meio da selva, e a cena que vi foi ao mesmo tempo estarrecedora e de partir o coração.

Britney tinha o corpanzil de um pitbull, de pelos pretos e castanhos salpicados de branco cobrindo o corpo musculoso, e uma corrente com um cadeado em volta do pescoço — suspeito que, por ser uma cadela de briga, Britney era mantida presa em uma corrente de metal curta. Ela me encarou com os olhos semicerrados, desconfiada do que eu poderia fazer. Seus olhos faiscavam de raiva quando eu arriscava chegar muito perto dos bebês.

Todos os filhotes pareciam pequenos terriers e tinham uma pelagem lisa e lustrosa que era uma mistura de branco, preto e marrom. Eles correram até mim, latindo e, ao que parecia, ansiosos para fazer amizade, mas, assim que cheguei perto da Britney, ela avançou para cima de nós, os olhos brilhando de agressividade, os dentes à mostra, a saliva escorrendo, pronta para a investida. Um instante depois, percebi que, talvez, se eu tivesse um bastão ou uma vara comprida, conseguiria manter Britney afastada e chegar até os filhotes para lhes deixar um pouco de água e comida.

Eu odiava a ideia de empunhar um pedaço de pau contra um animal. Parecia instintivamente errado, e jamais recorreria a isso em nenhum caso que não a autodefesa, mas não conseguia pensar em um jeito melhor de me aproximar dela. Todos os sinais eram cristalinos — essa mamãe feroz e protetora arrancaria um pedaço grande de qualquer um que machucasse seus filhotes.

Com um bastão na mão, só por precaução, voltei algumas vezes naquele primeiro dia para alimentar todos eles e tentar conquistar a confiança dos cães. Ficou evidente que conseguir a confiança ou cativar Britney não seria nada fácil; ela ainda avançava, rosnava e mostrava as presas, embora eu tivesse o bastão para me proteger. Lá estava eu, pulando como se estivesse fazendo uma mistura estranha de break e dança mourisca enquanto ela abocanhava o ar com toda a violência, tentando me morder.

Imagino que teria sido uma visão bem cômica se eu não estivesse temendo de verdade pela integridade dos meus braços e das minhas pernas. Não gosto de pensar no que poderia ter acontecido se eu não empunhasse o bastão, que precisei brandir com vigor para ela algumas vezes. No entanto, conforme eu me aproximava bem devagar, ficou evidente que os filhotes estavam em apuros: suas orelhas estavam tomadas de dezenas e mais dezenas de carrapatos. Gordos de tanto sangue sugado dos pobres cãezinhos, os carrapatos pareciam pedrinhas brilhantes grudadas na pelagem. Olhando mais de perto, constatei que não eram só as orelhas; o corpo inteiro dos bichinhos estava coberto de carrapatos, e esses parasitas imundos também preenchiam os espaços entre os dedos. Isso fez as coisas irem de mal a pior na minha cabeça. Agora que eu sabia que os cãezinhos estavam sofrendo e sentindo dor, me ocorreu que, se eu estava mesmo empenhado em trabalhar com cães na Tailândia, precisaria encontrar uma forma de passar pela Britney e ajudá-los.

Nos dias seguintes, minha amiga Lana e eu criamos um sistema para isolar os filhotes da Britney um por um, colocá-los na traseira do jipe e dar a eles remédio para tratar os carrapatos. Nós nos abrigamos na parte de trás do jipe, como se fosse uma fortaleza, pois era a única maneira de garantir que a Britney não nos atacaria. Parecia uma coisa perigosa, já que Britney ainda não tinha começado a confiar em nós e continuava dando todos os indícios de que ficaria feliz de cravar os dentes afiados em nossa pele em qualquer oportunidade disponível, mas os filhotes estavam tão doentes que fomos obrigados a agir desta maneira.

Lana e eu pegamos um filhote cada um, e consegui dar a eles remédio e limpá-los com um talco especial. O medicamento começou a fazer efeito em 24 horas, e vi os carrapatos começando a cair, o que me pareceu uma vitória. Também arranjei alguns comprimidos antipulgas para Britney. Eu queria muito dar um jeito de fazê-la tomar os remédios para que também se sentisse melhor, mas, se eu simplesmente jogasse os comprimidos para ela, a possibilidade de os filhotes comerem tudo e adoecerem gravemente era grande. Então, fui aos poucos isolando Britney da matilha, e, graças a Deus, naquele dia a sorte estava do nosso lado, ou talvez a cadela estivesse apenas morrendo de fome, mas o fato é que ela engoliu os comprimidos. Misericórdia.

Ter conseguido cuidar, mesmo que um pouco, desses cães e alimentá-los por quatro a cinco dias me pareceu um progresso concreto, mas eu sabia que eles estavam em terras públicas nas imediações de algumas casas, o que significava que as chances de que os moradores os vissem como um incômodo ou um perigo e, em função disso, decidissem envenená-los, matá-los a tiros ou eliminá-los de outra maneira eram reais. Não estou sendo dramático. Infelizmente, isso acontece com frequência, ainda mais com cães tão agressivos. Além disso, a matilha tinha se instalado embaixo de uma escavadeira JCB, e a única coisa em que eu conseguia pensar era que logo alguém precisaria daquele equipamento e se livraria dos cães para poder utilizar a máquina, afugentando-os ou fazendo algo muito pior. Eu sabia que precisava tirá-los de lá de algum jeito. Sabia que tinha que pegar Britney, mas, naquela época, não tinha ideia de como fazer isso.

Eu levava comida para a Britney e seus filhotes com muita frequência e ficava sempre de olho neles. Às vezes tinha a sensação de estar me aproximando cada vez mais da família, mas, sempre que eu arriscava pegá-los para tirá-los daquele lugar precário, Britney retribuía com uma tentativa de mordida.

Eu sabia que meu tempo para resgatá-los estava se esgotando, então arrumei uma caixa e um cambão de contenção e me preparei para começar. Um cambão é basicamente uma corda ou rede enganchada em um aro largo na extremidade de uma haste metálica, como uma espécie de vara de pescar de cabo longo. Foram muitas tentativas frustradas. Era quase como uma sequência de montagem de filme, e a ideia "Se não der certo de primeira..." ecoava sem parar na minha cabeça. Naquele momento, a chuva estava implacável. Aqui, quando chove, a água torrencial cai com a força de um dilúvio. Minhas roupas estavam encharcadas. Fiz novas tentativas infrutíferas e, embora estivesse cada vez mais ensopado, não deixei de planejar pegar uma parte dos filhotes, mantê-los em algum lugar e depois capturar os outros.

Após um bocado de planejamento e percalços, consegui encurralar os seis em uma área na selva onde havia uma encosta íngreme e achei que eles não conseguiriam fugir. Decidi que precisava pegar primeiro os cinco filhotes e isolá-los da mãe, pois assim os ferozes instintos maternos de Britney entrariam em ação, e talvez ela aceitasse ir comigo com calma (essa era minha esperança).

A duras penas, enfim peguei todos os cinco filhotes e os coloquei na caixa, onde tomei providências para que Britney pudesse vê-los e soubesse que estavam sãos e salvos. Sua reação foi fascinante: por mais que fosse uma cadela assustadora, ela não descuidava nem um segundo dos filhotes. E, por mais que fosse uma mãe zelosa, não aceitou se juntar a eles sem antes fazer alarde.

Portanto, coloquei luvas de soldador, torcendo para que as mordidas da Britney não fossem capazes de rasgá-las, encontrei uma haste metálica azul comprida para usar de cambão, na esperança de que não se quebrasse sob a força da mandíbula e do maxilar dela, e a encurralei. Levei cerca de uma hora para enfim pegá-la. Eu me senti como um caubói moderno, pelejando para cercá-la e guiá-la para a segurança da caixa. Ela se contorceu, tentou morder a haste, tentou avançar contra mim, tentou fugir...

Teve de tudo. Contudo, por fim tínhamos seis cães potencialmente em segurança.

Se tivesse me restado um pingo de energia, eu teria me deitado e soluçado de chorar tamanho o alívio e o fluxo de adrenalina que percorriam meu corpo.

Agora, quando penso naquela época, concluo que é provável que eu estivesse me esforçando demais. Vivia ansioso, tenso como a mais rígida mola do mundo, e cada sinal de alerta piscava em vermelho na minha mente.

Antes do resgate, passei dias sem dormir, pensando nos filhotes na selva, na mãe deles tentando me morder e nos moradores locais tentando envenená-los. Ao mesmo tempo, eu me empenhava para manter o andamento do trabalho de cuidar dos outros cães, tudo isso enquanto o aguaceiro caudaloso desabava sem dó nem piedade sobre nós. Antigamente, para voltar ao normal eu teria começado com uma caixa de seis cervejas para "me acalmar" e terminado às seis da manhã em uma farra de quatro dias com direito a Valium e regada a vinho. Agora, conheço os sinais e sei algumas das coisas certas a fazer. Eu fico off-line; me exercito; recorro a massagens; me alimento bem e faço alguns exercícios de respiração; digo às pessoas que estou com dificuldades e tiro um tempo para cuidar de mim. E preciso ser firme de verdade comigo mesmo e fazer essas coisas sem sentir que estou decepcionando os cães.

Então, basta dizer que fiquei muito aliviado quando consegui pegar a Britney, colocá-la na caixa e na mesma hora levá-la com os filhotes ao veterinário. Embora o remédio contra carrapatos que eu tinha dado aos filhotes tivesse começado a fazer efeito, eles precisavam de um tratamento mais intensivo com antibióticos, um bom banho, vacinas e nutrição básica. Depois de proporcionarmos tudo isso a eles, logo conseguimos deixá-los em boa forma, e me senti confiante o suficiente até mesmo para dar nomes a cada um: Caramelo, Mocha, Latte, Americano e Frappuccino. (É que eu adoro café!)

Quando conseguimos tirar Britney da caixa no veterinário, utilizei um alicate para cortar o cadeado do pescoço dela. Foi incrível libertá-la daquele instrumento horrível de restrição física e simbólica. Parecia que eu tinha tirado o peso do mundo dos ombros dela. Britney balançou a cabeça, feliz da vida, como se não acreditasse que estava mais leve. Depois que eu a livrei do cadeado, sua atitude em relação a mim também mudou. Os olhos escuros ficaram um pouco menos cautelosos, e a postura, um pouquinho menos defensiva. Até hoje, a atitude da Britney não mudou em relação a muitas outras pessoas, pois ela ainda desconfia demais dos humanos, mas comigo ela relaxou. Britney enfim entendeu que está segura em minha companhia e, numa guinada decisiva, parou de tentar me matar! O bastão nunca mais foi necessário, pelo menos da minha parte. Acredito que Britney percebeu que eu era seu amigo e salvador e, por fim, conseguiu se acalmar e relaxar.

Depois que Britney e sua família passaram por um período de recuperação na clínica veterinária, eu queria que eles tivessem um lugar seguro e tranquilo onde pudessem crescer e começar uma nova vida. Então, encontramos um canto remoto da selva, longe de pessoas, carros e outros cães, acomodamos a matilha lá com muita alegria e trabalhamos para conquistar ainda mais a confiança deles. Uma das principais maneiras de fazer isso foi construir um casebre de madeira com uma plataforma acolchoada para eles dormirem e um telhado de ferro corrugado para protegê-los da chuva. Eles ficaram lá por cerca de uma semana, com acesso a comida e água; Britney, sobretudo, estava começando a sair de sua carapaça e a relaxar. Ela parecia sentir que seus bebês estavam seguros e, portanto, podia enfim baixar a guarda.

Por isso, foi um decepcionante balde de água fria quando certo dia fui repor a comida da família e descobri que a casinha e o abrigo deles tinham sido lamentavelmente vandalizados e destroçados. As tigelas de água e comida tinham sido levadas.

Os cães estavam bem, graças a Deus. A mensagem, no entanto, parecia muito evidente: *Tirem esses cães daqui...* Não sei quem destruiu o abrigo, mas na mesma hora pensei: *Tá legal, os cães precisam ser removidos daqui às pressas.* Não tínhamos passado por aquilo tudo juntos para eles acabarem sofrendo algum mal no fim.

Infelizmente, não foi a primeira vez que senti na pele a animosidade de alguns moradores. Nem todo mundo ama cães e animais, e há um grupo influente de pessoas que gostaria de ver a extinção de todos os cães de rua. Desde que comecei a trabalhar com cachorros e dei início à missão de melhorar a vida dos cães desabrigados, percebi que há algumas pessoas que não ficam nem um pouco felizes com o que faço. Há muita gente na ilha que me considera um doido varrido, o irlandês maluco que foi morar na ilha e pirou de vez.

Eu diria que 50% das pessoas são indiferentes ao que estou fazendo com os animais. E há outros 20% delas que parecem gostar do fato de eu ser apaixonado por cães. Elas sorriem para mim e fazem um joinha quando passam, ou se aproximam para bater papo e assistem às rondas de alimentação e interagem com os cães. É engraçado notar que quase sempre as pessoas que têm tão pouco na vida — por exemplo, os trabalhadores migrantes — são as mais gentis com os cães, a ponto de dar as próprias sobras a eles.

Entretanto, segundo minhas estimativas, sem dúvida há uns 30% de pessoas que parecem odiar o fato de eu estar aqui. E consigo entender o motivo. É lógico que consigo. Os cães são atraídos pela comida. Então, se eu estiver distribuindo comida perto da casa desses moradores, os cães se reunirão lá para desfrutar de uma refeição. Será que eu gostaria que uma dezena de cães começasse a perambular na porta da minha casa, brigando, latindo e fazendo cocô por toda parte? Sou capaz de entender o argumento dessas pessoas. Tento ser respeitoso e não colocar comida muito perto das casas, pois tenho noção de que isso é injusto.

Desde que comecei a fazer meu trabalho, já fui xingado muitas vezes; nas ruas e nas estradas, já aconteceu de carros desviarem de mim por um triz ou chegarem perigosamente perto e me perseguirem de maneiras intimidadoras. Sinto que isso é um aviso, uma ameaça: *Deixe os cães, seu ocidental louco, e suma do nosso bairro, você não é bem-vindo aqui*, é mais ou menos como eu traduziria esses recados.

Em geral, as pessoas mais ricas são as mais anticães e as que não querem nenhum cachorro perto de suas respectivas propriedades. Um dia desses, uma mulher gritou comigo. A casa dela parecia uma mansão quando comparada à maioria das residências daqui. Minha presença — e a dos cães — não era bem-vinda. A mulher berrou comigo em uma mistura de inglês e tailandês, e consegui entender a essência do que ela estava dizendo. "Latindo... cagando em todo lugar... Não quero esses cães!" Ela estava tão histérica que vociferava, disparando perdigotos enquanto tremia. Pedi desculpas e prometi que ficaria longe.

Certa vez, um cara chegou a puxar uma faca para mim. Não chegou a ser ao estilo de um crime de rua de cidade grande, tipo um assalto à mão armada ou algo assim, então não me senti em perigo imediato. Muitas pessoas aqui carregam facas para cortar cocos e outras coisas, ou usam facões e similares para o trabalho na selva. Então, ver homens portando armas desse tipo não é incomum. No entanto, esse cara estava furioso de verdade e, enquanto eu alimentava os cães, ele parou a uns 15 metros de mim e brandiu a faca com toda a fúria, em um movimento que me mandava "recuar". Em momento algum senti que ele tentaria de fato usar a faca, graças a Deus. Contudo, foi um recado inequívoco: *Pare de alimentar os cães, seu estrangeiro de merda.*

Nunca fui uma pessoa agressiva. Sou favorável a levar a vida em paz, muito obrigado. A melhor coisa que posso fazer é sorrir para todos. Baixo a cabeça ou ergo as mãos, sinalizando que não tenho intenção de fazer mal a ninguém.

Sempre tento ser respeitoso com todos, por mais animosidade que possam demonstrar, porque, afinal, é o país deles, é uma cultura diferente, e eu entendo perfeitamente. Tenho sorte de viver aqui, e a última coisa que quero é trazer problemas para a ilha que amo. Contudo, foi desanimador constatar que alguém destruiu de propósito o abrigo que construímos para Britney e sua família. E eu temia que isso fosse um revés para o progresso que tínhamos feito com tanto esforço em relação a ela.

Convoquei alguns amigos para me ajudar. Sou muito grato por poder contar desse jeito com pessoas que também são apaixonadas por animais. Levamos Britney a outro veterinário. Ela ainda estava bem agressiva e inquieta com as pessoas, então a colocamos em uma caixa de aço e aproveitamos para fazer um bom check-up de sua saúde, incluindo alguns exames de sangue, tratamento para parasitas e, óbvio, providenciar a importantíssima castração. A ideia de mais pequenas Britneys vindo ao mundo era bem assustadora, para ser sincero.

Enquanto Britney era tratada, senti que precisava me apressar para encontrar lares para os filhotes. Eu os divulguei nas redes sociais e, sendo honesto, estava à espera de um pequeno milagre. A questão é que eles *podem mesmo* acontecer: em pouquíssimo tempo, Frappuccino foi adotado por uma adorável mulher tailandesa chamada Grace. Isso fez dele o nono cão para o qual consegui arranjar um novo lar definitivo desde que comecei com esse trabalho. Não fiquei surpreso por ele ter sido arrebatado num piscar de olhos, pois era um lindo terrier branco com grandes manchas pretas, parecido com uma minivaca malhada.

Para a surpresa de todos, pessoas de Bangcoc se ofereceram para ficar com os quatro filhotes restantes, mas só se eu pudesse levá-los até lá no dia seguinte. Bangcoc fica a cerca de 1.000 quilômetros de onde moro, mais ou menos a distância de ida e volta de Londres a Edimburgo, então tive que pagar por um ônibus-táxi particular e colocar os quatro na parte de trás, com brinquedos, cobertores e petiscos. Dei um beijo de despedida em cada um, muito feliz por todos irem juntos para um lar novo, maravilhoso e amoroso na cidade grande. Todos os cinco irmãos, Caramelo, Mocha, Latte, Americano e Frappuccino, estão ótimos até hoje:

foram castrados e estão totalmente recuperados dos carrapatos e de outras doenças. Então, temos que dar o devido crédito a Britney por mantê-los vivos, apesar de ter sido tão estressante para ela.

Restava apenas Britney no veterinário. Ninguém conseguia se aproximar dela. A equipe do veterinário precisou tirá-la da caixa com um engraçado cone de plástico em volta da cabeça para que ela não mordesse ninguém. No entanto, a boa e velha Britney teria tentado de bom grado, se pudesse. Eu não poderia pedir a ninguém para dar um lar a uma cachorra tão perturbada e evidentemente perigosa. Ao mesmo tempo, senti que, se ela fosse deixada na selva, a história não acabaria bem para ninguém. Dessa forma, as opções eram limitadas. Como ela confiava em mim, não havia nenhuma outra escolha a não ser levá-la para morar comigo.

Hesitante, eu a apresentei a Snoop e Jumbo em minha casa. Foi um choque quando ela atacou o Snoop na mesma hora. Longe de ser um cão alfa, Snoop é velho e vulnerável, então pareceu um ataque gratuito a um animal mais fraco. Não foi a primeira nem a última vez que fiquei irritado com Britney.

Foi um baita revés. Eu tinha dado a ela um pouquinho de confiança, e ela abusou. Concluí que era provável que ela ficasse com ciúmes de qualquer um que se aproximasse de mim, mas pensei: *Não posso ficar com essa cachorra*.

Naquela noite, mantive os cães separados, mas fui para a cama ansioso.

As pessoas me deram um incrível apoio e me encorajaram muito, dizendo para seguir em frente e que em breve as coisas ficariam mais tranquilas. Não tenho certeza se cinco meses contam como "em breve", mas acho que foi esse o tempo que Britney levou para de fato se sentir em casa.

A mudança de Britney começou a ficar nítida depois de dois ou três meses, mas por algum tempo precisei mantê-la na coleira dentro de casa enquanto ela aprendia a conviver comigo e com os outros cães. Com o tempo, me dei conta de quanto a Britney era uma cachorra prejudicada. A agressividade, o cadeado, a compleição física robusta e os comportamentos me fizeram deduzir que ela devia ter sido submetida a participar de brigas de cães antes de ser abandonada na selva.

Portanto, a meu ver, não surpreende que Britney seja tão traumatizada. Hoje em dia, acho que cerca de 90% desse trauma já se extinguiu, mas não sou capaz de prever se conseguiremos eliminá-lo de vez algum dia. Embora Britney já confie um pouco em outros cães e agora saia para brincar com alguns, ela ainda está sempre sujeita a ter bruscas mudanças de humor e entrar no modo de ataque. A realidade é que ela não fez nenhum progresso em relação a outros humanos. Tentei aos poucos introduzi-la aos voluntários, mas ela ainda rosna, late e morde a perna deles. Britney é a única cachorra com quem as pessoas temem lidar, e quem pode culpá-las?

Isso significa que sou o único que consegue cuidar da Britney, uma cachorra tão cheia de energia que todos os dias corto um dobrado para cumprir a exaustiva tarefa de levá-la para cima e para baixo nas colinas de modo a deixá-la bem cansada, porque só assim ela fica calma à noite.

Como tenho de arcar sozinho com toda essa responsabilidade pela Britney, é óbvio que há dias em que desmorono. Há dias em que estou no meio da selva e simplesmente perco as estribeiras por causa do comportamento antissocial e agressivo da cachorra. Há dias em que sinto que doei toda a minha energia emocional a um cachorro doente ou moribundo de quem estou cuidando e ainda assim tenho que dar um jeito de encontrar um pouco mais, porque Britney está aprontando algo ou fugiu sabe-se lá para onde. Às vezes, ela mantém um comportamento exemplar por alguns dias, aí confio nela e deixo de vigiá-la tanto quanto deveria, então de repente ela foge de mim ou se embrenha na selva e não volta, ou tenta atacar alguma coisa.

Às vezes, essas coisas são apenas cansativas ou exasperantes. Vez ou outra estamos na scooter, e Britney salta e tenta atacar um gato, o que é preocupante em relação à minha segurança, à dela e à de outras pessoas. É lógico que eu também tenho meu quinhão de mágoas relacionadas a Britney, sobretudo em ocasiões nas quais estamos fazendo uma caminhada tranquila, ou depois de um dia longo e cansativo, e baixo a guarda. Basta alguém passar numa scooter, ou um cachorro fazer os pelos dela se eriçarem, que Britney simplesmente se lança e quase desloca meu ombro ou chacoalha minhas costas.

Imagino que Britney tenha apenas dois ou três anos, então entendo que ela ainda é filhote, e espero que com a idade ela possa se acalmar. Além do mais, sei que os cães não nascem assim. Eles desenvolvem esse comportamento em algum lugar. Sofrem maus-tratos de um tutor ou de um grupo de pessoas. Tenho a esperança real de que possamos trabalhar um pouco mais com Britney no que diz respeito à sua interação com humanos, mas acho que a lição que aprendi com ela é que modificar comportamentos e a forma como os animais reagem a situações leva bastante tempo e requer muito esforço. Sei que isso também é verdade em se tratando de humanos, tanto pela minha experiência pessoal como por testemunhar outras pessoas tentando processar traumas ao longo dos anos.

Muitas pessoas são profundamente impactadas. Talvez isso se dê em decorrência de coisas que aconteceram com elas na infância, ou quando eram jovens adultas, ou como resultado do que outros infligiram a elas. Às vezes, as pessoas têm condições de fazer terapia e desaprender reações ou pensamentos prejudiciais e, graças a isso, se tornam melhores. Contudo, certas vezes o abuso e o sofrimento a que foram submetidas são tão graves que sempre resta uma mágoa residual. É um núcleo de dor que simplesmente ninguém consegue quebrar nem extirpar do organismo. Acredito que talvez nunca sejamos capazes de fazer Britney desaprender ou modificar todos os seus comportamentos problemáticos, mas fui seu pequeno golpe de sorte e dei a ela uma chance na vida. Em mim, ela encontrou uma pessoa que cuidará dela, estará ao seu lado e a apoiará para fazer uma mudança.

Agora que já cuido da Britney há bastante tempo, me sinto quase como um pai guiando uma criança difícil pela vida. Embora eu não tenha filhos ou filhas, sei que os criar não se limita a bolos de aniversário e elogios; sei que as figuras parentais podem enfrentar momentos em que perdem a paciência com as crianças — e depois se arrependem terrivelmente —, e houve momentos em que me vi numa clareira no meio da selva gritando "Vá se foder, Britney! Eu odeio você!" quando não sabia para onde ela havia ido.

Sei que isso não é certo, mas também tenho consciência de que a vida é assim. Às vezes, as pessoas com quem mais nos importamos são as que nos despedaçam mais. Acho que todos nós falhamos em admitir isso: fingimos que tudo é doce e leve e que todas as jornadas emocionais são úteis e lineares. No entanto, elas não são; na verdade, são longas e dolorosas, cheias de interrupções e recomeços, e tomam rumos inúteis. Sinto lá no fundo que é importante compartilhar isso. Sei que essa jornada tem sido muito mais difícil para Britney, mas, no fundo, também sei que agora ela é uma boa cachorra. Apesar de tudo, eu a amo com toda a ternura do mundo.

12

A CORAJOSA SOBREVIVENTE DE CÂNCER

McMuffin é simplesmente uma das melhores cadelas que você vai conhecer na vida. Rainha dos caninos, ela é parte importantíssima de tudo o que eu quero realizar e tem um impacto enorme nas pessoas que a conhecem e a amam (todo mundo que a conhece a ama, é infalível, e eu sei que você também a amaria).

Ela entrou na minha vida no fim de agosto de 2022, quando vivi um dos dias mais difíceis desde que comecei a trabalhar com os cães. Eu estava na estrada com meu amigo australiano Rod, um ex-policial que se aposentou e veio morar aqui um ano antes de mim. Desde que iniciei minha missão, sempre pude contar com o apoio e a ajuda dele e também de sua namorada, Jewells. Ambos são apaixonados por cães e agora são meus bons amigos, e saímos para fazer resgates juntos com frequência.

Nesse dia, no fim do verão, o céu estava um pouco fechado. Em Koh Samui, nessa época do ano, há 20% de chance de fazer um dia quente e ensolarado e 80% de surgirem algumas nuvens. Era um dia nublado, chuviscava, e recolhemos vários cães doentes. Estávamos levando cerca de vinte filhotes para vacinar e cuidando de um cachorro que chamamos de Bender, algo como Dobradinho (porque uma de suas patinhas era dobrada, não porque ele parece alguém que gostava de comer dobradinha). Na verdade, a pata dele estava muito machucada. Estávamos tentando pegá-lo e colocá-lo em uma caixa para submetê-lo a um raio-X. O mais provável era que ele precisaria de uma amputação, o que não é ideal, mas aí ficaria bem e não teria que conviver com a dor e a medicação.

Tinha sido um dia especialmente cansativo, e eu me sentia derrotado e ansioso para chegar em casa à noite, depois de parar no caminho para pegar um Pad Thai, um prato ícone da culinária tailandesa que consiste em macarrão de arroz frito com molho *thai* e alguns acompanhamentos, para jantar. (Ninguém jamais imaginaria que fui chef, já que hoje em dia minha alimentação consiste basicamente em comida para viagem. Prefiro usar meu tempo cozinhando para os cachorros, não para mim.) Então lá estava eu, prestes a subir de volta na picape do Rod, quando um homenzinho tailandês se aproximou do outro lado da rua.

Ele parecia encabulado enquanto caminhava até mim. Sua aparência sugeria que estava passando por uma situação difícil ou uma maré de azar, para ser franco. Todo desgrenhado, suas roupas já tinham tido dias melhores, e minha primeira impressão foi que ele se encontrava em condição de rua. Cheguei até a me perguntar se ele não era alcoólatra (não que eu estivesse julgando; pela milionésima vez, me senti grato pelos dezoito meses sóbrio — e que venham muitos mais). Contudo, imaginei se ele estava querendo dinheiro ou algo de mim. Embora na minha fase de alcoolismo severo eu nunca tenha chegado a pedir esmola nas ruas, conseguia identificar o desejo urgente, superior a todas as outras ânsias, que sentia de obter álcool quando estava nas garras do meu vício.

O pobre rapaz não falava uma palavra de inglês, e meu tailandês era limitado, mas o coitado balançou os dedos para mim, me chamando para segui-lo.

Meu Deus, que merda é essa? Um golpe?
Para ser franco, eu estava desconfortável com o rumo da interação. Algo na conduta do rapaz, entretanto, me fez confiar nele o suficiente para acompanhá-lo e ver de perto o que ele estava tentando me mostrar.

Então eu o segui até os fundos; ele me levou a uma espécie de área de horta, onde havia algumas plantas e flores. Era um lugar bem decadente. Percebi que era onde ele morava. Notei que o homem parecia ter algum transtorno mental. Ele não estava bêbado como eu tinha pensado a princípio, mas sem dúvida tinha algo. Senti que seria maldade virar as costas e ir embora.

Foi um longo dia, mas tenha um pouco de tolerância, Niall. Seja legal.

Mais para trás no terreno, havia uma velha jaula azul surrada, com a porta aberta, e espiei o interior... já me preparando para encontrar um caso horrível de crueldade animal. Naquela época, eu já tinha uma espécie de reputação entre os moradores locais (assim como entre os expatriados e turistas) de ser a pessoa para quem ligar quando houvesse um cachorro em apuros. "O irlandês louco que é obcecado por cães", é provável que fosse assim que me viam.

No entanto, em vez de um pobre cachorro maltratado, o que encontrei foi uma alma em estado de indigência, com um pedaço de corda esgarçada em volta do pescoço fazendo as vezes de coleira improvisada. Era uma beagle, não um dos cães de raça misturada e indefinida que em geral encontramos por aqui.

Isso era bem menos comum, mas não inédito na Tailândia. Vez ou outra acontece de as pessoas daqui comprarem um cachorro caro de raça — como o que estava diante de mim —, mas não terem dinheiro para arcar com as contas do veterinário quando o cão adoece. E, como muitas vezes os criadores de cães, preocupados apenas em produzir um grande número de filhotes para obter retorno financeiro imediato, agem de forma antiética, tratando as cadelas como vacas leiteiras, doenças como a parvovirose, causada pelo parvovírus canino, podem ser mais comuns. Muitos criadores de cães de raça caros priorizam não o bem-estar e a saúde dos filhotes, e sim a ganância.

E, quando o cão adoece, as mesmas pessoas que pagaram muitos bahts para comprá-lo, em vez de tentar resolver o problema e melhorar a saúde do bichinho, abandonam o coitado nas ruas. Deixado à própria sorte e incapaz de se defender, o cão inevitavelmente tem uma morte solitária e dolorosa. É angustiante e de partir o coração testemunhar os maus-tratos que alguns cães sofrem por aqui.

Eu não tinha ideia de qual era a história da beagle infeliz, mas suspeitei que a situação dela poderia ter uma origem semelhante. Uma fêmea com cerca de sete ou oito anos, ela era uma das cenas mais comoventes e perturbadoras que eu já tinha visto em toda a minha vida.

Ela parecia meio morta, com um monte de coisas estranhas similares a furúnculos espalhadas por todo o corpo, e pus escorria da maioria delas. Contei mais de quarenta dessas erupções que tomavam conta de sua pele. Ela também estava — é lógico, como todos os cães daqui — infestada de pulgas e coberta de centenas e mais centenas de carrapatos. A cachorra estava com o pé na cova: cabeça baixa, corpo trêmulo, olhos tristes e anuviados, completamente abatida. *Deus todo-poderoso.*

Eu precisava saber o que tinha acontecido ou, pelo menos, todos os fatos possíveis. Então, na mesma hora liguei para uma amiga tailandesa, Phleng. Ela era minha tradutora preferida, e seu número estava na minha lista de favoritos do celular; foi uma das ocasiões em que eu sabia que tinha que ligar para ela. Perguntei a Phleng se ela poderia me ajudar falando com o homem por telefone para descobrir o que estava acontecendo e depois traduzir tudo em inglês para mim.

Enquanto eles tagarelavam em tailandês por vários minutos, o homem dando o seu melhor para explicar como a beagle fora parar em seu quintal esquisito, eu encarei a cadela. *Ela não deve ter muito mais tempo de vida.* Com toda a sinceridade, imaginei que ela não teria chances de sobreviver nem sequer a uma ida ao veterinário. Contudo, eu não podia deixá-la morrer ali. Ela abriu os olhos, e nós nos entreolhamos.

— Pobre bebezinha — sussurrei. — Vamos ver o que podemos fazer por você, pra pelo menos deixá-la mais confortável.

Pensei em Tyson e em como o aninhei no meu colo em seu último suspiro, meses antes. Pensei nos outros cães e filhotes que eu tinha visto falecer. A cadela não parecia muito melhor. Parecia bem pior, na verdade, por causa das horríveis pústulas similares a furúnculos que cobriam todo o corpo.

Encerrada a conversa, o tailandês me devolveu o celular. Ele nem mesmo parecia saber como usar corretamente o aparelho ou como falar nele. Phleng me relatou as informações que conseguiu descobrir na conversa.

Acontece que o pobre tailandês estava fazendo o melhor que podia para manter a beagle viva, mas ele não tinha a mínima noção, Deus o abençoe. Por que teria? Eu também era novato nisso.

Ele vinha alimentando a cachorra com bocados de arroz e um pouco de água e tentando polvilhá-la com talco antipulgas, o que é provável que tenha irritado ainda mais aquelas coisas semelhantes a furúnculos. Com o pouco que tinha, ele estava tentando fazer o melhor, Phleng me explicou ao telefone.

Eu me senti culpado por ter pensado que ele era alcoólatra. Era evidente que o homem tinha nascido em meio a muitas agruras na vida, e percebi que sua maneira acanhada de se aproximar de mim era pura timidez, e ele tinha sido muito corajoso em pedir ajuda a um estrangeiro.

Havia algum tempo que a cachorra fora abandonada. Era óbvio que o homem não tinha dinheiro, mas seu instinto foi de cuidar dela, e, sejamos justos, pelo menos ele conseguiu mantê-la viva. Se ninguém a tivesse alimentado nem oferecido água, ela teria morrido semanas antes. Acho que até o carinho e o cuidado básico que ele demonstrou fizeram a diferença. Nesse aspecto, os cães são como os humanos e, se forem abandonados e adoecerem, podem desistir da vontade de viver um pouco mais cedo do que se houver alguma esperança de que alguém os ame. Na minha experiência, os cães são sobretudo almas otimistas.

É óbvio que o homem tailandês me viu como alguém que talvez pudesse tentar ajudá-lo e ajudar a salvar a beagle à beira da morte. Foi assim que ele criou coragem para se aproximar de mim — para alguém com tantos problemas, não deve ter sido fácil reunir tanta confiança para me convencer a segui-lo e me mostrar a coisa que não contara a ninguém. Ele havia feito isso pelo bem da cachorra. Meu coração se compadeceu dele.

Os apaixonados por cães não têm uma aparência ou um jeito em comum; nós nos apresentamos de todas as formas e tamanhos diferentes. No entanto, reconhecemos o forte vínculo que todos temos em comum quando nos deparamos com ele.

Para ser franco, naquele momento, eu não tinha muitos planos para a pobre beagle, mas mesmo assim a peguei no colo e segui para a picape.

— Cara, você não vai acreditar no que encontrei — avisei Rod enquanto carregava nos braços o corpinho doente, tentando desviar o olhar do pus amarelo que escorria dos furúnculos e dos carrapatos imundos que rastejavam para dentro deles.

Ao ver o estado da cadela, a expressão de Rod se tornou puro horror. Para ser sincero, só um verdadeiro amante dos cães teria deixado uma criatura em estado tão deplorável entrar em seu carro. Por sorte, Rod é essa pessoa. Assim, acomodamos a cadela no banco de trás com todo o cuidado, utilizando algumas toalhas e alguns cobertores velhos para deixá-la o mais confortável possível, e Rod acelerou rumo ao consultório do veterinário, porque tínhamos que chegar antes do horário de fechamento.

Bem, eu nunca, jamais esquecerei o cheiro que ela exalava dentro do carro. Foi o ataque mais repugnante e excruciante que meu nariz já sofreu na vida. Era absolutamente nojento. Pútrido.

Fétido feito carne podre com notas rançosas e pungentes. Não tenho palavras para descrever. Pela primeira vez desde que a pandemia acabou, desejei muito ter uma máscara protetora. Rod, que nos tempos em que trabalhava como policial teve que lidar com vários cadáveres, comparou o mau cheiro da beagle ao miasma pestilento que emana de cadáveres que estão há semanas se decompondo. Espero que você nunca tenha sentido esse tipo de fedor, mas posso assegurar que foi abominável.

Enquanto Rod acelerava o mais rápido que um ser humano é capaz pelas estradinhas lamacentas de Koh Samui para chegar ao consultório veterinário, baixei o vidro da janela e coloquei a cabeça para fora, tentando respirar uma lufada de ar fresco para não vomitar dentro do carro. Diante do absurdo da situação, Rod e eu trocamos um olhar de "que porra é essa que estamos fazendo?". Para desempenhar um trabalho como o nosso, é preciso rir até nos momentos sombrios, ou o contrário seria chorar de tristeza e desalento o tempo todo pela vida dos cães.

Não rimos, no entanto, quando o veterinário nos conduziu à sala de cirurgia. Ele ficou tão perplexo quanto nós ao se deparar com o estado da cadela, que estava em maus lençóis. Os resultados dos exames de sangue chegaram e eram desastrosos: ela estava na pior, na iminência de morrer; sua contagem de células sanguíneas estava muito, muito abaixo do que deveria; ela tinha febre maculosa, parasitas sanguíneos e anemia. Todas essas coisas estavam prestes a matá-la.

— Ela só tem mais algumas horas de vida, infelizmente — avisou o veterinário, balançando a cabeça.

Afinal, o que diabos eram todas aquelas coisas parecidas com furúnculos escorrendo? Eu nunca tinha visto isso em cães. Nem mesmo os que estavam nas condições mais tenebrosas tinham aquele aspecto ou aquele cheiro.

Por algum motivo, fosse para salvar a vida da beagle, fosse apenas para entender o que eram aquelas pústulas na pele dela, eu queria mesmo ouvir uma segunda opinião. Então, decidimos levá-la a outro veterinário para que ele desse uma olhada. Eu a peguei, coloquei-a de volta no carro com os cobertores, e Rod mais uma vez dirigiu como um maníaco para nos levar até lá. O prognóstico não foi muito melhor.

— Vocês podem tentar uma transfusão de sangue — sugeriu o segundo veterinário. — Isso talvez ajude, mas não há garantias.

Uma transfusão de sangue custaria cerca de 1.500 dólares. Em bahts, isso equivale a muitos salários.

A beagle foi conectada a uma bolsa intravenosa, e passamos um longo tempo limpando seu corpo. Já passava do horário de funcionamento da clínica, mas fomos autorizados a cuidar dela. Retiramos com toda a meticulosidade cada carrapato e pulga, qualquer coisa para lhe oferecer um pouco mais de conforto e dignidade, pensei, no que poderiam ser suas horas derradeiras.

Então, o veterinário sugeriu que deixássemos a cachorra com ele durante a noite e fôssemos para casa com o objetivo de "pensar a respeito". Ele estava nitidamente utilizando a linguagem veterinária que interpretei como "É o fim da linha para este animal; botem a cabeça no lugar e acabem com o sofrimento dela".

É muito difícil tomar decisões como essa. Se fosse seu amado animal de estimação, seria diferente. Você tentaria salvá-lo com a transfusão de sangue cara na mesma hora. Você pagaria e torceria pelo melhor resultado com o atendimento médico à disposição. A beagle, contudo, não era um animal de estimação, e sim uma cadela de rua que literalmente tínhamos pegado à beira da estrada horas antes.

Não que eu não conseguisse providenciar o dinheiro, mas era preciso ser sensato. Eu tinha que levar em consideração o custo de uma transfusão de sangue (procedimento que pode ou não funcionar) e quais outras coisas eu poderia realizar com a mesma quantia. Com esse montante, seria possível realizar a castração de muitos outros cães, o que ajudaria a concretizar meu plano muito mais amplo.

Com o dilema girando na cabeça, deixamos a beagle passar a noite na clínica veterinária. Rod e eu conversamos incessantemente sobre ela, mas eu sabia o que precisava ser feito.

O tempo dela acabou, Niall. Acabe logo com o sofrimento da pobrezinha.

Voltando para casa com o coração apertado, fiz um desvio para visitar o gentil tailandês. Ele manteve a cadela viva com seu amor e seus cuidados comoventemente básicos e merecia saber o que estava acontecendo com ela. Não sei se alguma vez na vida ele já tinha assistido a um vídeo em um celular, mas lhe entreguei o aparelho para que pudesse ver o veterinário explicando em tailandês quais eram os problemas da beagle. Os olhos dele se encheram de lágrimas.

Falei com a senhora que era dona do mercadinho local, e ela me explicou que deixava o homem ficar com a beagle de graça porque sentia muita pena, já que ele não tinha mais ninguém no mundo. A única fonte de renda do homem era vender frutas à beira da estrada, e ela contou que todo dia, depois de vender todo o estoque, ele saía com seus 100 bahts (cerca de 2 ou 3 dólares) e gastava tudo com comida para os cães de rua. Ele não tinha as ferramentas, o dinheiro nem o conhecimento necessários para curar a beagle, mas era evidente que tentava fazer o melhor.

Quando cheguei em casa, eu estava me sentindo esgotado e muito deprimido.

Amanhã vou acabar com o sofrimento dela, jurei. Não era justo com a cachorra, diante de todos os problemas de saúde que ela estava enfrentando, tentar prolongar a agonia por mais tempo. Se não fosse pelo homem tailandês de coração maior que o mundo, ela com certeza teria morrido várias semanas antes.

Pensei no cheiro de morte, nos resultados dos exames de sangue cronicamente ruins. Não fazia sentido ela continuar.

Eu já tinha perdido cães antes, é óbvio. Tyson foi o primeiro, mas houve muitos outros depois. Faz parte do trabalho, e você tem que se fortalecer para a perda. Tento não postar notícias ruins nas minhas redes sociais, porque ninguém quer rolar a tela do celular no café da manhã e ler sobre cães prestes a morrer. No entanto, infelizmente, longe das minhas redes sociais, é com isso que muitas vezes temos que lidar.

O dia tinha sido daqueles em que você tem a sensação de levar um tapa na cara. Eu não podia me deixar afundar em uma tristeza depressiva naquele momento. Precisava ser forte e seguir em frente.

Um truque que aprendi para rechaçar a tristeza é juntar cada pedacinho de pensamento positivo que eu puder. Seguindo isso, pensei nas coisas boas que tinha conquistado naquele dia com Rod. Garantimos a vacinação de vinte filhotes contra o parvovírus. Demos ao Bender, com sua pata quebrada, uma melhor qualidade de vida. A beagle não morreria sozinha, sem alívio para sua dor nem ninguém para lhe dar uma chance.

Pensei no homem em seu barraco, baixando a cabeça numa reverência para me agradecer por ter levado a cachorra ao veterinário.

A resposta diante de mim era muito cristalina. No entanto, fiquei rolando na cama e acabei caindo em um sono agitado por volta das quatro da manhã.

Na manhã seguinte, depois de cuidar do Snoop e fazer as rondas de alimentação, cheguei ao consultório veterinário antes mesmo de abrir.

Eu me preparei para ser corajoso, pois faria a coisa certa e colocaria a pobre beagle para dormir.

O veterinário confirmou que não houve mudanças no estado de saúde da cachorra durante a noite. Eu o acompanhei até onde a beagle estava sendo mantida, ainda na bolsa intravenosa.

Ela olhou para mim com grandes olhos castanhos e cheios de alma. Percebi uma pequena réstia de espírito neles. Aquela garota não estava pronta para desistir. Seu pelo já parecia melhor do que no dia anterior, graças às horas que passamos removendo os parasitas. E ela mexeu uma das patas um pouquinho enquanto olhava para mim, um pequeno gesto que parecia dizer: "Ainda estou aqui. Me dê uma chance."

Não sei bem o que foi aquilo, mas, naquele momento, algo em mim virou do avesso. Agradeci ao veterinário e paguei pelos exames da cachorra. Entretanto, simplesmente não consegui ter forças para sacrificar aquela mocinha.

— Vamos lá, sua beagle linda, vamos tentar mais uma vez — falei, pegando-a de novo no colo, ao qual ela já estava se acostumando. — Talvez seja a terceira vez da sorte.

O terceiro veterinário conseguiu fazer o diagnóstico correto de que a cadela estava com câncer. Isso deveria ter sido óbvio para mim o tempo todo. Aquelas quarenta e tantas coisas nojentas que pareciam furúnculos eram, na verdade, tumores malignos. A pobrezinha tinha uma modalidade de câncer chamada "tumor venéreo transmissível" (TVT). A transmissão se dá pela cópula e pelo contato direto pele a pele, como lambidas, mordidas ou arranhões.

No entanto, por mais horrível que pareça, o veterinário já tinha se deparado com casos de TVT. E tinha conseguido tratá-los com sucesso. Havia uma chance razoavelmente boa de que esse tipo de câncer respondesse bem à quimioterapia. Meus ouvidos se aguçaram ao ouvir a notícia, e eu poderia jurar pela minha vida que as orelhas da beagle também. O que não é tão insano quanto parece, sabia? Porque há evidências categóricas de que os cães são muito hábeis em ler nosso rosto em busca de pistas. Então, quando ela me vê animado, por instinto também fica.

O veterinário afirmou que, se conseguíssemos controlar todos os outros problemas que naquele momento ameaçavam matá-la — febre maculosa, anemia e infestação de pulgas —, ela teria chances concretas de se recuperar se chegasse ao processo de quimioterapia.

Puta merda! Abri um sorriso. *Vamos dar uma chance a essa garota!*

Minha decisão da noite anterior fora esquecida em um instante. Ninguém estava fingindo que o futuro não seria perigoso para ela. Uma cadela de rua fazendo quimioterapia parecia uma ideia insana, eu sei. Seria um processo longo, doloroso e dispendioso, sem garantias de que terminaria bem. Contudo, quando percebi que havia um pequeno vislumbre de esperança, não consegui desistir dela. Simplesmente havia algo especial naquela cadela.

Eu a acariciei com delicadeza e poderia jurar pela minha vida que, apesar do desconforto que ela devia estar sentindo, eu a vi abrir um sorrisinho para mim.

O veterinário sempre me avisou que o caminho para a recuperação da beagle seria longo. O câncer é um desgraçado, como muitos de nós sabemos. É a doença que todos temos desenvolver e a que afeta a maioria de nós em algum momento da vida, seja o diagnóstico para você, seja para um ente querido.

Com essa cadela não foi diferente. O câncer dela representava um sério risco de vida. Na verdade, seu estado de saúde era tão grave que ela acabou ficando no veterinário por dois meses e meio no total.

Eu a visitava todos os dias. E, assim que a vi toda empetecada com bandagens amarelas e vermelhas brilhantes, apontei para ela e disse:

— McDonald's!

Ela estava usando as mesmas cores, nos tons exatos, da rede de fast-food, e foi impossível não cairmos na gargalhada na clínica.

Como poderíamos chamá-la? Nós a registramos no veterinário apenas como "a Beagle", mas ela merecia um nome apropriado que combinasse com a personagem engraçada e corajosa que ela logo se tornou.

Big Mac? McNuggets? Batata frita?

Pesquisei o menu do McDonald's no Google em busca de inspiração; nada se encaixava, mas ela não podia mais ser apenas "a Beagle". Bem no fim da lista avistei "McMuffin" e foi então que soube que o nome desse sanduíche era absolutamente perfeito para aquela doce sobrevivente que espiava por cima das bandagens, cheia de entusiasmo pela vida e de otimismo desenfreado.

E não é que nos apaixonamos perdidamente pela McMuffin? Toda a equipe do veterinário ficou encantada com a coragem dela e deslumbrada com sua natureza alegre na mesma hora.

Examinando os dentes da cachorra, o veterinário disse que era provável que ela tivesse sete anos, no máximo oito. Nas primeiras três semanas, o foco foi tratá-la com antibióticos para combater as infecções imediatas que a deixavam tão mal.

Só valeria a pena submetê-la à quimioterapia para combater o câncer se ela estivesse bem o suficiente para sobreviver. Essa era a prioridade número um. Ela estava toda enfaixada, e os exames de sangue eram monitorados com frequência. Houve muitos momentos de tensão. Você pode achar bobo dizer que um beagle está com a aparência pálida, mas ela parecia muito lívida no início. A anemia era desesperadora, e as gengivas estavam brancas como as de um cadáver, o que é um mau sinal em cães. Ir vê-la no veterinário todos os dias era exatamente como visitar parentes em enfermarias oncológicas; eles têm uma aparência específica. E a McMuffin também tinha.

Contudo, o veterinário ficou satisfeito com o progresso da cachorra: o quadro clínico da bichinha parecia muito melhor e, depois de três semanas, em setembro, McMuffin estava bem o suficiente para prosseguir com a quimioterapia.

Eu mal podia esperar pelo momento em que começaríamos a lutar contra os horríveis tumores. O corpo dela estava coberto por esses abscessos, que pareciam inflamados e doloridos. Havia alguns no rosto, no focinho, cinco perto do traseiro, entre as patas. Era horrível.

Graças à sua qualidade inata de estrela, McMuffin se tornou a celebridade da clínica. Visivelmente empolgada por receber outra chance na vida, a beagle zanzava de um lado para o outro como se fosse dona do lugar, cumprimentando com alegria — e abanando o rabo — todo mundo que encontrava pelo caminho. "Aqui estou eu!", parecia dizer, andando empertigada, toda fofa, ostentando o engraçado guarda-roupa de bandagens. "Sou a McMuffin, a cadela de rua que tem um oncologista próprio. Sacou?"

Era impossível pensar que aquela era a mesma cadela que encontramos na caixa, tão perto da morte. Postei fotos da McMuffin na internet, e pessoas do mundo inteiro logo se encantaram por ela com a mesma intensidade com que nós a adorávamos. O melhor de tudo era ver como seu espírito resiliente e animado espalhava esperança, alegria e inspiração para pessoas do outro lado do mundo que também lutavam contra o câncer. De repente, comecei a receber no Instagram e no X muitas mensagens de pessoas que estavam em enfermarias oncológicas, enfrentando a quimioterapia, aguardando cirurgia ou em remissão. Elas me escreviam para dizer que se inspiravam muito na McMuffin.

Nunca imaginei o efeito que ela teria nas pessoas nem que eu receberia mensagens e fotos de enfermarias de hospitais, de mães e filhas dizendo que estavam acompanhando juntas a jornada de McMuffin e aguardavam ansiosamente todas as atualizações que eu publicava.

McMuffin era uma cadela de rua, mas simbolizava muito mais. Ela é tudo que existe de bom nos cães.

É lógico, nem preciso dizer que as contas do veterinário eram assustadoramente altas. O impacto no bolso era tão doloroso que era de chorar, para ser sincero. Curar McMuffin acabou custando cerca de um total de 5 mil dólares. Eu não poderia justificar esse gasto exorbitante com um único cachorro se isso significasse que muitos outros sairiam perdendo. É como *A escolha de Sofia*, uma decisão difícil para qualquer figura parental ter que optar entre suas crianças, e isso seria errado.

No entanto, como agora a McMuffin tinha muitos fãs de uma ponta à outra do mundo, você acredita que toda vez que uma conta do veterinário era entregue a mim e eu a publicava on-line, a incrível comunidade de amantes dos animais entrava em cena para ajudar? Sinceramente, nunca vi nada parecido. As contas chegavam a cada três dias, e em todas as ocasiões uma pessoa generosa se voluntariava para pagá-las. As pessoas estavam contribuindo com 200, 500 dólares e quantias semelhantes em euros e libras para pagar as despesas médicas da McMuffin.

Fiquei boquiaberto com o fato de que as pessoas podiam ser tão bondosas e generosas.

No fundo, eu estava um pouco preocupado com a possibilidade de ser tudo uma perda de tempo; tinha medo de decepcionar também as pessoas que estavam sendo tão gentis em pagar as contas do veterinário para McMuffin. No entanto, a beagle estava inspirando uma multidão. Agora ela se tornara muito mais do que só uma cachorra com câncer do outro lado do mundo; era como se essa pequena guerreira tivesse se tornado um verdadeiro farol de esperança.

Desde que encontrei McMuffin, passei a ir para a cama imaginando-a no pequeno lugar que eu vinha planejando havia tantos meses — um santuário onde cães doentes e necessitados poderiam se abrigar até se recuperarem ou enquanto esperavam transferência para um novo lar. Em parte, as contas do veterinário da McMuffin eram tão altas porque ela precisava de um local seguro e aquecido para ficar enquanto estava em tratamento. Então, hospedá-la na clínica veterinária custava 30 dólares a mais por dia. Não é absurdamente caro, mas, somando dia após dia, no fim o valor se torna considerável. Eu estava desesperado para vê-la neste novo lugar, que também forneceria abrigo para muitos outros necessitados.

Logo depois de começar a missão dos 10 mil cães, ficou evidente que eu precisaria de um santuário, um lugar seguro e limpo que dispusesse de canis e funcionasse como um centro de recuperação. Seria um pequeno refúgio, uma moradia de transição onde, no meu mundo ideal, os cães poderiam viver enquanto aguardavam a transferência para seus respectivos lares definitivos cheios de amor e atenção. Ou, no caso dos cães que sempre seriam mais felizes nas ruas, o santuário serviria como uma clínica de recuperação de operações de castração e coisas do tipo.

Depois de meses de sonho e planejamento, tudo enfim estava tomando forma.

Comprar um terreno para a construção do abrigo sem dúvida foi um desafio. Eu precisava de um lugar tranquilo, longe das estradas e dos turistas. Não há muitos anúncios on-line desse tipo de propriedade, então tive que seguir pelas vias do boca a boca e perguntar aos moradores se conheciam um local adequado, além de divulgar em grupos do Facebook. Devo ter visto uma centena de terrenos em potencial, todos lindos e do jeitinho que eu precisava, mas assim que eu dizia que era para alojar cães, as pessoas ficavam preocupadas. Acho que temiam a possibilidade de eu ir embora e abandonar os cães, que acabariam se tornando responsabilidade delas. Era visível que não estavam interessadas nisso.

Então, por muita sorte, no fim encontrei uma adorável senhora tailandesa que ama animais e se interessou pelo projeto. Ela era dona de uma área de cerca de 1 acre — 4.046,86 metros quadrados —, mais ou menos metade de um campo de futebol. Não havia nada além de mato no terreno, então seria necessário capinar tudo antes de começar obras de qualquer natureza, mas era perfeito. Precisávamos de algumas escavadeiras e contratamos trabalhadores braçais para ajudar — eu e todos os voluntários também arregaçamos as mangas. Tivemos que cavar muito fundo para fazer um poço de água doce e usamos painéis solares para o fornecimento de eletricidade.

Eu não sabia absolutamente nada sobre construção civil, mas Rod tinha alguma experiência com edificação de mansões, por isso pôde dar conselhos sobre estruturas e aspectos práticos. Uma extraordinária senhora inglesa chamada Taay, que nos apoiava muito nas redes sociais, conseguiu arrecadar incríveis 12 mil libras com seu Girls Group (o Grupo das Meninas, ou GG, como é conhecido), contribuição pela qual sempre serei muito grato, pois sem ela não teríamos conseguido. Completei o orçamento com dinheiro do meu bolso, pois julguei que qualquer pessoa generosa o suficiente para fazer doações gostaria de ver esse montante usado diretamente para cobrir os custos de medicamentos, alimentação e castração dos cães.

A princípio, construímos alguns canis simples para abrigar dez cães, mas o plano era duplicar esse número em pouco tempo. Havia um pequeno escritório e um depósito para armazenar medicamentos com segurança. Todos os dias, Snoop e Jumbo iam até o terreno inspecionar o progresso da obra, que era bem básica, mas cada pequeno canil tinha ventilação para assegurar a entrada de ar e uma pequena rampa para acessar uma cama elevada, pois os cães preferem ficar mais no alto, já que assim se sentem mais seguros do que quando estão no rés do chão.

Eu não queria mesmo que o lugar tivesse um aspecto clínico, como se imagina que são os canis, meio parecidos com uma prisão. Na verdade, queria que cheirasse bem, que tivesse plantas perfumadas e flores bonitas espalhadas e paredes pintadas, mais como pequenas suítes pessoais (e é assim que eu chamo os canis!).

Tivemos que criar uma estrada de cascalho para a entrada dos carros, mas também construímos coisas divertidas para beneficiar os cães e filhotes doentes, como uma prainha artificial e uma piscina. Então tínhamos um pequeno refúgio adequado e um lugar seguro, cujo nome oficial é Happy Doggo Land, algo como Terra do Doguinho Feliz, o que me faz sorrir.

O plano é ampliar as instalações e construir uma cozinha para fazer a comida no próprio local e ter um lugar onde as pessoas possam se sentar, tomar café e conhecer os cães.

Essa é a visão para o longo prazo. No curto prazo, no entanto, eu estava absolutamente nas nuvens por ter uma estrutura básica pronta para receber os cães.

★ ★ ★

Após cinco semanas de quimioterapia administrada na forma de comprimidos, McMuffin começou a mostrar sinais de recuperação. Seus níveis de energia melhoravam dia após dia. Comecei a levá-la para pequenas caminhadas; de início, eram apenas 50 metros, depois 100, e de início elas aconteciam na trilha perto da clínica veterinária, pois ela ainda estava muito fraca, mas McMuffin adorou a mudança de cenário, e o rabinho marrom-claro e branco balançava sem parar. Ela se detinha para cheirar as flores e as árvores e parecia curiosa com o mundo ao redor; foi um alívio testemunhar essa melhora.

Eu me permiti fantasiar que ela ainda estaria conosco no Natal, talvez com bandagens vermelhas e brancas, parecendo o Papai Noel. Minha vontade era tirá-la da clínica veterinária e levá-la para a segurança de casa.

Conforme a quimioterapia avançava, ela trotava um pouco mais a cada dia, encantando, com as bandagens alegres, todas as pessoas que cruzavam seu caminho. Os fãs da McMuffin começaram a enviar pequenos acessórios divertidos para ela usar. Ela simplesmente tinha algo especial e singular, era adorada por todos e, ao entrar na clínica veterinária, era como se o lugar se tornasse a "clínica da McMuffin". Ela entrava trotando, feliz da vida, e era a estrela do show.

Eu sei que é um clichê terrível quando as pessoas dizem que lutar contra o câncer é como travar uma batalha. Entretanto, no caso da McMuffin, era a mais pura verdade. Seus afetuosos olhinhos castanhos estavam vivos de coragem e determinação. Ela tinha dentro de si um espírito aguerrido, era uma verdadeira miniguerreira. Eu sorria, radiante, ao caminhar ao lado dela.

McMuffin lutava sem parar. Em outubro, depois de dez longas semanas no veterinário, ela completou três semanas de quimioterapia (no fim, ela precisou de dez ao todo), e os tumores estavam em remissão. A equipe considerou que ela estava bem o suficiente para ser encaminhada para o nosso pequeno santuário.

Quase explodi de felicidade no dia em que a busquei para levá-la para casa. Eu não tinha a menor ideia se a McMuffin saberia o que eram balões ou se gostaria do brinquedo de pelúcia que comprei para ela, mas senti que a cachorra merecia uma festinha surpresa no novo lar.

Como seu câncer é transmissível, por algum tempo McMuffin ainda precisou ficar longe dos outros cães. Contudo, eu sabia que, se continuasse progredindo, ela adoraria fazer novos amigos o mais rápido possível. Sentado no degrau com ela e todos os balões naquela noite, derramei uma pequena lágrima de felicidade.

— Sou um velho bobão e sentimental, não sou, minha McMuffin? — perguntei a ela, sorrindo.

McMuffin não viu minha expressão risonha, no entanto. Ela estava bem apertada junto ao meu corpo, feliz da vida, exausta de tanto correr na nova casa.

Eu visitava com regularidade o homem tailandês que me apresentou a McMuffin no verão. E o ajudava com comida para seus cães e pequenas quantias de dinheiro para incrementar sua renda com a venda de frutas.

Ele sempre ficava feliz de me ver. Gravei um vídeo da McMuffin enfim deixando a clínica veterinária, mas decidi que não queria dar esperanças a ele, pois a cachorra ainda corria o risco de piorar. Só decidi mostrar o vídeo depois de mais algumas semanas, quando me senti confiante de que de fato tínhamos superado a fase mais difícil, e eu poderia contar a ele uma história feliz. Não sei até que ponto o homem conseguiu absorver os fatos, mas ele reconheceu a McMuffin, e seu rosto todo se iluminou. Na mesma hora, ele saiu correndo como uma criança empolgada para contar as boas novas à dona do mercadinho, que veio e me encarou com os olhos arregalados de surpresa, e todos nós rimos juntos de felicidade com a auspiciosa reviravolta dos acontecimentos. Ele ficou contentíssimo de ver a cadela tão bem. Um momento de pura alegria.

McMuffin ainda precisava de muitos cuidados e de curativos, e era crucial que fosse mantida limpa. Ela continuou contraindo infecções, pois o sistema imunológico estava bem enfraquecido pela quimioterapia. Contudo, ela se recompunha e seguia em frente.

Assim que chegou ao santuário, McMuffin se transformou em uma personalidade ainda mais inacreditável.

Ela é a patroa, a pequena madame do lugar, a rainha. Nunca age como mandona, mas guia os outros cães de forma muito amorosa e atenciosa. McMuffin atua agora como cão de terapia, ajudando os cachorros que resgatamos a se recuperarem dos traumas, caso, por exemplo, de Hope, que foi torturada com uma pistola de pregos pneumática e um facão, e de King Whacker, que alguém tentou assassinar brutalmente. Daqui a pouco contarei mais sobre os dois!

McMuffin está sempre se intrometendo na vida alheia, inspecionando os canis de todo mundo. Ela é um pequeno dínamo, importunando e atazanando cada cão com quem entra em contato até deixá-lo feliz. Ela sobe nas mesas e sai rolando com filhotes. McMuffin é simplesmente uma daquelas almas que ilumina a vida de todos.

Por causa de tudo que passamos com McMuffin, tem sido difícil saber quais devem ser os próximos passos para ela. De início, é lógico, eu estava desesperado para mantê-la no santuário. Entretanto, o objetivo da missão é salvar cães e conseguir colocá-los em lares definitivos. *Não dá para simplesmente reunir todos os cães doentes e mantê-los.* Quebrei a cabeça pensando na coisa certa a fazer. No fim das contas, decidi ficar com ela.

McMuffin é o símbolo de tudo o que queremos fazer aqui. Suas incríveis batalhas para recuperar a saúde, seu espírito combatente, suas reviravoltas heroicas, sua generosidade com todo mundo. Ela desperta as melhores coisas que existem nas pessoas.

Quando McMuffin precisa voltar e passa um tempo na clínica veterinária, como aconteceu pouco tempo atrás por causa de uma infecção, o lugar não é o mesmo sem ela. Durante dois longos dias, eu e os outros nove cães do santuário sentimos que havia um vazio, como se algo estivesse fora do lugar. Faltava o fator McMuffin — e é isso que ela traz ao ambiente.

Amo a minha vida com os cães, mas às vezes fico esgotado. Agora, quando isso acontece, sempre sei o que fazer: basta passar dez minutos com a McMuffin. Eu me deito com ela numa rede e me sinto pronto para seguir com tudo pelos dois dias seguintes. Ela é a cadela mais maravilhosa de todos os tempos.

Quando penso naquela cadela destroçada à beira da morte, exalando cheiro de carne podre, simplesmente não consigo compreender que é a mesma de agora. Seu retorno e sua transição para a condição em que está são surpreendentes. Se McMuffin foi capaz de fazer isso, você também é.

13

HOPE E A ESPERANÇA

Em certa manhã de outubro, a tela do meu celular se iluminou com uma ligação da Valéria, uma jovem ucraniana que mora aqui na Tailândia e, assim como eu, alimenta os cães e também é apaixonada pelo bem-estar dos animais.

Formada em veterinária, Valéria já viu de perto todos os tipos de ferimento, doença e infecção em animais ao longo dos anos. Eu a descreveria como uma pessoa em geral imperturbável, inabalável. Sempre trocamos mensagens de WhatsApp com conselhos práticos sobre cães e coisas do tipo.

Então, quando ela me liga em vez de me mandar uma mensagem de texto como sempre, sei que é algo sério. Na verdade, ela está frenética.

— Niall, precisamos de você aqui imediatamente! — Dá para perceber o pânico na voz, ela está quase aos berros. — Tem um cachorro aqui que vai morrer. Por favor, venha agora, Niall! Chegue o mais rápido que puder!

Eu nunca tinha ouvido Valéria falar assim, então peguei as chaves e subi na scooter para descobrir o que estava acontecendo. Quando cheguei lá, dez minutos depois, Valéria estava com uma mulher alemã, e as duas tentavam acalmar uma cadela muito abalada. Ao ver o prego de 8 centímetros cravado com firmeza na pata dianteira esquerda da cachorra, entendi por que ela choramingava sem parar.

Em uma inspeção mais detalhada, percebi que a conhecia. Havia vários meses que eu vinha alimentando a cadela. Marrom e preta, de tamanho médio e sem raça definida, ela era normal em todos os sentidos. Fazia parte de um grupo de vinte cães que morava numa pequena clareira, entre alguns barracos onde viviam trabalhadores migrantes.

Aqui na selva, os cães tendem a rodear os locais onde os humanos vivem, porque sabem que haverá restos de comida espalhados, uma fonte limpa de água e, talvez, se tiverem sorte, um pouco de amor e atenção também.

Contudo, o trabalho dos migrantes é sazonal, então não há pessoas por essas áreas o tempo todo. Vínhamos fazendo dessa pequena clareira uma parada regular nas rondas de alimentação matinais, para o caso de os cães não estarem recebendo comida depois de os trabalhadores terem ido embora.

Os cães surgiam de áreas diferentes, mas eu me lembrava de uma garota que sempre ficava à margem da matilha. Ela nunca se destacava. Era uma cadela tímida, quieta, reservada. Nunca fazia drama. Ela sabia seu lugar e era grata por qualquer coisa. Existem milhões de cães como ela.

Comecei a prestar mais atenção nela fazia apenas algumas semanas, quando ela pariu alguns filhotes. Na verdade, resgatei uma de suas crias — que chamei de Pipsqueak, porque era uma criaturinha diminuta, tão frágil, franzina e assustada que se recusava a comer. Alguém sugeriu que ela devia associar comida a algo que a tinha assustado, o que me pareceu uma explicação tão plausível quanto qualquer outra. Muito menor do que os irmãozinhos e as irmãzinhas, era evidente que ela não tinha tamanho suficiente para sobreviver na selva. Consegui tirar Pipsqueak de lá e levá-la a um lugar seguro e fiquei muito feliz em encontrar um lar amoroso para ela em Bangcoc. Pipsqueak teve sorte, porque só metade dos outros filhotes sobreviveu. Verdade seja dita, esse é o padrão aqui, embora eu não aborde muito isso em meus posts no Instagram, pois as pessoas não necessariamente querem saber das notícias tristes.

Depois dos filhotes, providenciamos a castração da mamãe cadela, para que ela não tivesse que passar por essa provação de novo, e fiquei feliz em ver que desde então ela continuou voltando para comer. Ou seja, ela estava indo muito bem — até agora, quando, de alguma maneira, apareceu com um instrumento afiado de metal empalado em sua pata.

Não havia tempo para nós três — Valéria, eu e a alemã — tentarmos especular como diabos aquele prego nojento estava tão profundamente alojado na pata da cachorra. O importante era retirá-lo. E rápido.

Peguei um alicate emprestado de um voluntário local e, enquanto seguravam a pobre vira-lata apavorada deitada no chão, comecei a tentar extrair o prego. Veja bem, sou um cara de 72 quilos e admito que precisei de cada grama de força que fui capaz de reunir para arrancar o prego desgraçado. Foram necessários quatro puxões vigorosos para enfim conseguir extraí-lo.

— Boa menina — murmuramos, acariciando-a com delicadeza. — Você é uma soldadinha corajosa, não é mesmo?

Ela não era uma cadela que gostava naturalmente de atenção humana. Sabíamos que ela se enquadrava na categoria das personalidades caninas tímidas. Entretanto, era durona, casca-grossa, com certeza. Enquanto o prego estava espetado em sua pata, ela não tentara fugir de nós. Era como se soubesse que estava em apuros e precisava nos deixar ajudá-la.

Felizmente, utilizando suas habilidades de veterinária, Valéria conseguiu fazer um curativo na cadela, injetar antibióticos para evitar infecções e administrar os cuidados médicos mais urgentes e necessários. A única benção nessa situação horripilante foi que se tratava de um ferimento limpo, o prego não tinha atingido nenhum osso da cadela e por isso não havia nada quebrado.

Ela parecia em estado de choque, o que não era de se admirar, mas ficaria bem. Os canis ainda estavam em obra e por isso não podiam receber cães, mas consegui reorganizar algumas coisas e encontrei uma solução temporária, porque o caso dela era muito sério.

Todos concordamos que era um ferimento horrível, e especulamos como teria acontecido. Não temos imagens de circuito de câmeras de segurança em todas as esquinas como no Reino Unido. É impossível saber de fato como e por que as coisas acontecem com os cães, então é preciso ter capacidade de dedução e habilidades de detetive.

Naquela noite, falei com alguns construtores locais que confirmaram que o prego só poderia ter sido disparado de uma pistola de pregos pneumática, pois, de outra forma, ninguém nunca conseguiria imobilizar a cachorra e cravar a haste de metal em sua pata de forma tão limpa ou profunda. Por que diabos alguém faria isso? Ela não era agressiva nem um incômodo. Era uma cadela totalmente comum, inofensiva, seguindo a própria vida com tranquilidade.

É inegável que alguns cães se destacam da matilha desde a primeira vez que você os vê, seja pela aparência deslumbrante, seja pela personalidade marcante. Esse, no entanto, não era o caso desta cadela: ela não era líder, não era uma "estrela".

Tentamos imaginar se, de alguma maneira, tinha acontecido um acidente e calhado de ela estar no lugar errado, na hora errada. Contudo, ela continuou aparecendo para comer e, assim, conseguimos ficar de olho nela e não pensamos muito mais a respeito. Sempre há cães com os quais se preocupar.

No entanto, algumas semanas depois, durante as rondas de alimentação habituais, eu a avistei e o que vi foi algo muito preocupante — havia um talho na lateral do pescoço dela. Parecia ter sido feito por um facão. E era impossível não ter sido de propósito.

Fiquei com o coração na mão. Percebi que o incidente da pistola de pregos também não fora um acidente. A pobre cachorra estava sendo alvo de maus-tratos e, pior ainda, sendo deliberadamente torturada por alguém. Para a maioria de nós, é incompreensível que um humano queira fazer mal a qualquer cachorro indefeso. Por que alguém faria isso?

Se um cão está incomodando, não é incomum que seja morto por humanos. É inconcebível, eu sei. Entretanto, acontece. Há quem corte a garganta dos cães ou quem os envenene. Nesse caso, contudo, parecia diferente. Ninguém atiraria com uma pistola de pregos na pata de um cão ou abriria um rasgo na lateral de seu pescoço a menos que tivesse intenção de infligir dor e abuso. Algum sádico doentio estava gostando de torturá-la.

Mesmo que conseguíssemos identificar quem estava submetendo a cachorra a torturas, é impossível obter uma punição jurídica para casos de crueldade animal aqui na Tailândia. Eu gostaria muito que alguém fosse responsabilizado por esse crime hediondo, mas, infelizmente, não existe legislação no país para isso.

O ferimento de faca, embora bem feio e relativamente profundo, por sorte não era fatal. O grande problema era tentar pegar a cachorra para que pudéssemos tratá-la da forma adequada. Infelizmente — mas nem um pouco surpreendente —, após o ataque de faca, o comportamento da cachorra mudou da água para o vinho. Ela não queria que nenhum de nós chegasse nem remotamente perto dela. Era evidente que seu instinto de confiança tinha sido estilhaçado em pedacinhos por quem estava infligindo os perversos maus-tratos.

Levei comprimidos de sedativo para a área dela, esperando que isso pudesse ajudar a capturá-la. Utilizamos sedativos quando precisamos capturar cães selvagens para submetê-los à castração ou a cuidados médicos, mas eles não são necessariamente fáceis de administrar. Se você colocar os comprimidos em uma tigela de comida, não há como garantir que o cão certo os comerá. E, se um cão permite que você coloque o remédio em sua boca, em geral não é o tipo de animal que precisa ser sedado para ser capturado.

Ainda assim, valia a pena tentar qualquer coisa. Alguns de nós, preocupadíssimos com o bem-estar da cachorra, fomos até a área da clareira onde ela morava. Chegamos em jipes, utilizamos diferentes cambões de contenção, redes e trelas, mas foi tudo em vão. Ela era simplesmente impossível de capturar.

A cadelinha também me reconheceu; então, assim que me viu, ela fugiu e soube que estávamos tentando pegá-la. Não se pode culpá-la por ser tão cautelosa. Todos os outros voluntários persistiram. Sabíamos quanto era importante ajudá-la.

Por fim, após dez dias de esforços para capturá-la, quatro dos outros voluntários, trabalhando juntos, conseguiram pegá-la.

A partir de então pudemos cuidar sem muitas complicações do horrível ferimento de faca, mas sabíamos que dessa vez não havia como colocá-la de volta em seu hábitat e arriscar que sofresse mais violência e crueldade. Ela estava muito vulnerável. Precisávamos mantê-la segura.

A essa altura, o santuário já estava em funcionamento, e tínhamos um lugar para onde levá-la. Então, essa pobre vítima de maus-tratos humanos se tornou uma das primeiras residentes.

Não tínhamos ideia do futuro que a aguardava, o que nos restava era ter esperança. E esse foi o nome que escolhemos para ela.

Ficou evidente que precisávamos de uma injeção de otimismo em relação a Hope, porque seu estado era lamentável. Embora fosse possível curar seus ferimentos físicos, as cicatrizes mentais, como ocorre com tantas vítimas de abusos, levariam muito mais tempo para cicatrizar.

Do ponto de vista mental, Hope estava completamente travada em decorrência aos repetidos maus-tratos que tinha sofrido. Era uma cachorra destroçada. Sua alma estava destruída. Ela se fechou e era incapaz de seguir como uma cadela normal.

Ela passava horas enrodilhada, encolhendo o corpo o máximo possível, e não conseguia nem sequer reunir energia para andar.

Ela sempre queria privacidade total para ir ao banheiro (muito justo), mas eu tinha que carregá-la até os arbustos para ela fazer suas necessidades. Era como levantar uma pedra de 20 a 30 quilos a cada vez.

Ela já não tinha mais o instinto básico nem o desejo de comer. Devia estar com fome. No entanto, seu apetite por comida, como pela vida em geral, tinha sido exaurido.

Hope nunca foi nem sequer remotamente agressiva, o que se poderia esperar de um cachorro na situação dela. Em vez disso, ela se fechou e não queria saber do mundo.

Reconheci, por conta de meus episódios depressivos, o que ela devia estar sentindo. Era como se ela não tivesse vontade de sair da própria cama. E sem dúvida houve momentos na vida em que passei pela mesmíssima situação. Também reconheci todos os sinais de quadro pós-traumático que muitos anos atrás testemunhei com tanto sofrimento na minha mãe, que estivera nas mãos de seu violento companheiro Andreas. Hope, que devia ter apenas três anos, parecia ter desistido da vida. Era como se ela não tivesse absolutamente nenhuma esperança.

Fui para a cama me sentindo um pouco triste. Nessa noite, aninhei Snoop um pouco mais perto, tentando utilizar sua massa peluda e morna como uma âncora, a fim de apagar algumas lembranças infelizes do meu passado que tinham sido despertadas.

Um dia de trabalho aqui — por mais que eu não queira fazer outra coisa no mundo —, pode me deixar um pouco arrebentado. A ansiedade e a depressão ainda fazem parte de quem sou. Infelizmente, elas nunca desaparecem para sempre. Você aprende a desenvolver as ferramentas para lidar com elas e aprende que, depois da escuridão, haverá luz para seguir em frente.

Não foi a primeira vez, desde que iniciei minha missão, que a bondade de desconhecidos me reergueu. Depois de uma onda de baixo astral no fim de semana, pensando na pobre Hope e correndo de um lado para o outro tentando pegar cachorros para submeter à castração, consegui dar um jeito de arrebentar meus chinelos e destruir meus tênis de corrida. Acabei ficando tão ocupado que me vi andando por aí com dois chinelos de pé direito. Compartilhei a situação nas redes sociais pensando que faria as pessoas rirem do ridículo. No entanto, a reação não foi só de riso; pelo menos quarenta pessoas pediram meu endereço para me enviar calçados novos! Uma mulher nos Estados Unidos chegou a me encaminhar a foto de uma prateleira com diferentes modelos de chinelos para que eu escolhesse um; ela estava numa loja e disse que iria à agência dos correios ao lado a fim de enviá-los a mim por via aérea. Abençoada seja. Fiquei impressionado com tamanha generosidade.

Depois de todos esses meses, aprendi que, se em algum momento eu ficar cansado ou sobrecarregado e duvidar da minha missão, mesmo que só por um segundo, preciso apenas pensar nas pessoas que me apoiam e me estimulam. Elas nunca me viram pessoalmente, e, ainda assim, sinto que, lá do outro lado dos oceanos, elas me conhecem, são minhas amigas, e também são apaixonadas por ajudar os animais. Ler as adoráveis mensagens que essas pessoas me enviam faz muita diferença e me anima quando estou deprimido. Elas de fato me fazem continuar e tocam meu coração.

Para mim, o mais emocionante de tudo é a quantidade de figuras parentais que entram em contato comigo para dizer que todo dia, enquanto tomam o café da manhã, suas crianças assistem aos meus vídeos para acompanhar o progresso dos cães. Tenho que me beliscar para acreditar, porque é o tipo de coisa capaz de ajudar a moldar a mente de um jovem a ser bondoso com os cães por toda a vida. Os jovens e seu amor natural pelos animais são cruciais no trabalho que faço. Comecei a ministrar palestras para crianças e a postar vídeos no YouTube sobre o trabalho que fazemos, porque, se pudermos inspirá-las, elas ajudarão a educar os adultos com quem convivem.

Basicamente, são os cães corajosos e resilientes e as pessoas bondosas e de grande coração que me ajudam a superar todos os desafios inevitáveis.

Sei que todo mundo está sem dinheiro agora, a crise do custo de vida afeta a todos nós, por isso nunca deixo de valorizar quaisquer doações, que sempre são destinadas por completo à saúde dos cachorros e aos tratamentos que melhoram a vida deles. São essas doações que me permitem salvar a vida dos cães.

E as mensagens de apoio que recebo elevam meu ânimo quando sinalizam e confirmam que esse trabalho crucial deve continuar. Para fazer uma analogia, é como se eu escalasse uma montanha íngreme carregando sacos pesados de comida de cachorro; ao longo da subida árdua, sinto de coração que há pessoas maravilhosas me incentivando para seguir adiante, e isso significa absolutamente tudo para mim.

A recuperação da Hope foi lenta. O nome Hope parecia muito irônico, pois ali estava uma cachorra que simplesmente parecia não ter nenhuma esperança. Toda esperança tinha sido sugada dela. Contudo, ainda rezávamos para que, mais cedo ou mais tarde, ela virasse de vez essa página triste de sua história e para que uma vida boa, a que ela de fato merecia, estivesse à sua espera um dia.

Hope começou a andar sozinha para ir ao banheiro, em vez de me deixar carregá-la. Bem devagar, ainda a passos lentos, mas já era um progresso. Recompensando-a com comida, consegui persuadi-la a caminhar um metro por vez. Em outros momentos, ficava evidente que ela não queria companhia e só precisava relaxar um pouco sozinha.

O pelo de Hope tinha crescido de novo, e nem dava para ver as cicatrizes da faca e dos estragos causados pela pistola de pregos. As cicatrizes mentais, entretanto, eram mais profundas. Eu ainda não estava confiante de que ela conseguiria viver com normalidade e me preocupava muito com ela, mas me recusei a desistir de Hope.

A paciência começou a dar resultados. Depois de quatro semanas, Hope estava saindo para passear com os outros cães e indo até a cerca-viva fazer suas necessidades. Que fique bem explícito: depois de se aliviar, ela sempre corria direto para o canil, mas eu achava fofo que Hope encontrasse conforto lá, com cobertores e roupas de cama aconchegantes. Foi a primeira vez na vida que ela teve algo só dela. Era seu lugar seguro. Todos nós precisamos disso.

Aos poucos, conseguimos fazê-la comer com mais entusiasmo e sair para acompanhar os outros cães em caminhadas. E então ela foi levantando mais a cauda, assim como a cabeça. Era como se Hope enfim acreditasse que poderia existir um lugar para ela neste pequeno planeta. Fiquei bem aliviado.

Depois de cinco a seis semanas, a sempre maravilhosa McMuffin conseguiu fazer Hope se sentir segura o suficiente para brincar um pouco. Agora McMuffin estava agindo como um cão de terapia, pois era uma cuidadora inata. King Whacker (falta pouco para você conhecê-lo) também se comportou como um cavalheiro com ela. Ver como os outros cães se uniram foi algo tocante, e isso mostra a diferença que alguns bons amigos podem fazer.

Tive um dia de alegria genuína quando Hope rolou no chão e me mostrou a barriga, como quem diz: "Vamos lá, agora você pode acariciar minha barriga, por favor, Niall." Foi um sinal de que ela confiava em mim e queria que eu a tocasse, e isso foi uma honra imensa.

Não sou de forma alguma etólogo, psicólogo de animais nem especialista no estudo do comportamento animal ou algo do tipo, mas, observando os cães com toda a paciência, aprende-se a entender como eles podem estar se sentindo. É preciso tentar ver as coisas pelo ponto de vista deles. Hope, por causa do terrível histórico de experiências com humanos, era sempre norteada pelo pensamento *"essas pessoas vão me machucar"*. Nós precisávamos mostrar a ela que não faríamos isso.

Ela demorou três meses no santuário para começar a levar algo que se assemelhasse a uma vida canina normal e baixar um pouco a guarda. Agora ela está firme e forte e faz parte da matilha. Hoje em dia, Hope é uma cadela completamente diferente da vítima de maus-tratos que conhecemos. Pelo menos em 80% do tempo ela está relaxada e de guarda baixa. Posso sentir que ainda há uma pequena parte dela que insiste em pensar *"isso está bom demais pra ser verdade, não vai ficar assim pra sempre"*, mas, de maneira geral, agora há em Hope uma leveza que eu nem julgava ser possível.

Hope sai para correr e de fato recuperou sua personalidade. Na verdade, ela é uma cadela muito amorosa e especialmente boa com filhotes. Dá para ver que já foi mãe e sabe o que está fazendo. O instinto materno está todo ali.

O que mais amo em Hope é que ela é a prova viva, para as vítimas de maus-tratos, de que a vida nem sempre é sombria. Existe luz do outro lado.

Se um dia você conhecer Hope sem saber da história dela, é provável que pense que se trata de uma cachorra retraída ou até mesmo chata. Pode ser que ela não olhe em seus olhos nem demonstre querer afeto. Mesmo que tudo pareça perfeito por fora, talvez você a julgue e a menospreze por considerá-la uma cadela pouco divertida.

Acho que o mesmo vale para as pessoas. Todos nós carregamos cicatrizes ocultas (não necessariamente físicas) e somos especialistas em escondê-las. Pode ser um vício, a infidelidade a um parceiro, a depressão, a incapacidade de ter filhos, a ansiedade, o luto, o arrependimento, o abuso, a falência financeira ou qualquer outra coisa ruim em meio a tantas que existem por aí.

E agora a melhor coisa que eu sonho para todos os cães aconteceu para Hope.

Alguns meses atrás, uma garota inglesa chamada Steff queria visitar o santuário e ajudar a cuidar dos cachorros, passear com eles e alimentá-los. Muita gente me pergunta se pode fazer isso, e meu sonho é um dia poder aceitar mais pessoas e ter um programa organizado para voluntários. Contudo, hoje em dia, isso não é exatamente possível. Ainda assim, concordei com a colaboração de Steff.

Levamos os cachorros para um dia especial na praia. Assim como os humanos, acredito que eles merecem alguns mimos na vida. No caminho de volta para casa, vi pelo espelho retrovisor Steff dar um beijinho na cabeça de Hope e sussurrar no ouvido dela, o que não seria nada estranho para uma amante de cachorros, e sorri. Foi incrível ver Hope aceitar o carinho e retribuir o olhar de Steff com afeição e confiança genuínos, sobretudo levando-se em consideração as difíceis batalhas que enfrentamos com ela.

Três dias depois, Steff me enviou uma mensagem no WhatsApp: "Eu adoraria levar Hope para a Inglaterra comigo. Você ficaria muito chateado se eu fizesse isso por ela?"

Se eu ficaria chateado? Eu fiquei foi feliz pra caramba! Steff confessou que estava muito nervosa para me perguntar, porque achava que eu tinha um apego desmedido por Hope e vice-versa, mas me disse que elas duas tinham criado um vínculo muito forte. Hope tinha vencido muitas dificuldades na vida, e agora Steff de fato queria dar a ela um lar definitivo, sã e salva na Inglaterra.

Steff está preparando a papelada para que Hope possa viajar com ela até a Inglaterra, onde a cachorra viverá com uma família amorosa. Ela vai precisar de um casaco de inverno e de roupas mais quentes, mas este é o final feliz perfeito para Hope, que eu cheguei a duvidar que um dia sairia de seu casulo.

Para mim, também foi algo cheio de significado e cura por uma perspectiva pessoal. Na minha juventude, posso não ter conseguido proteger minha mãe e evitar que ela fosse espancada e maltratada. Agora, entretanto, eu *tinha* conseguido oferecer a Hope um refúgio seguro.

Não tenho a pretensão de ser um grande coach de vida, mas espero que haja pessoas lendo sobre Hope e todas as suas batalhas e que consigam se reconfortar e se fortalecer com a noção de que a vida *pode* mudar. Você pode até se sentir como uma vítima indefesa, mas o fato é que você é mais forte do que imagina.

Por favor, não desista de si mesmo. Assim como ocorreu com Hope e com a minha mãe, após os tempos sombrios haverá luz e leveza. Podem existir caminhos para fugir da dor. E, com tempo, amor e paciência, você também pode ter um futuro brilhante e positivo.

Hope pode ser apenas uma cadela a milhares de quilômetros de distância de onde você mora. Contudo, Hope é muito mais. Ela pode ser qualquer um de nós ou um amigo. Ela mostra que, com um pouco de amor, algumas amizades e as coisas básicas, tudo é possível.

14

O CACHORRO QUE SOBREVIVEU A UMA TENTATIVA DE ASSASSINATO

O dia a dia aqui em Koh Samui pode parecer uma mistura entre estar em um centro de triagem de hospital e em um campo de batalha com um exército. Pode até parecer exagero, mas é basicamente o cenário dos cães de rua e da selva.

Patas quebradas, filhotes nascendo sem parar todo dia, cães com feridas abertas, zoonoses graves, abandonados, atacados por humanos, brigas em larga escala e assim por diante. Não dá para saber o que está por vir.

Certo dia, na hora do almoço, recebi uma série de ligações frenéticas de uma senhora russa, residente no outro lado da ilha, a respeito de um cachorro. Isso está longe de ser incomum; de alguma maneira, muitas pessoas conseguiram meu número e às vezes parecem usá-lo como se fosse uma espécie de serviço de emergência. Se houver um cachorro que precise de ajuda, a solução é "pegue o telefone e ligue pro Niall". Os turistas, compreensivelmente preocupados, costumam me acionar, mas muitas vezes não é uma emergência do tipo "largue tudo e corra agora para o local" como eles acreditam ser. Chego a receber em torno de vinte ligações como essa em um único dia. Simplesmente não tenho condições físicas de responder a todas.

No entanto, no instante em que apareceu na tela do meu celular a foto que a senhora russa me enviou, eu soube que precisava ir até lá com urgência. Ela não estava surtando à toa. Eu nunca tinha visto nada parecido. A imagem mostrava um pobre cachorro que tinha sido atacado de propósito por um humano decidido a matar o coitado abrindo sua cabeça. Foi uma das coisas mais chocantes que eu já tinha visto.

Peguei a scooter — o jipe estava fora de combate, e consertá-lo estava na minha lista de tarefas —, e devo ter quebrado todos os recordes de limite de velocidade conhecidos pelo homem. Em disparada, cheguei ao outro lado da ilha em apenas 25 minutos. Os nós dos meus dedos estavam brancos, tamanha a força com que segurei o guidom; meu maxilar estava tenso, e minha adrenalina pulsava a toda força quando cheguei ao local.

Na porta da casa da senhora, a atmosfera era de histeria. Alguém tivera a sensatez de isolar o pobre cachorro aterrorizado em uma área no jardim, longe das crianças da família. Com certeza não era uma cena adequada para os pequenos. Para ser sincero, eu mesmo me senti bem nauseado e tomado por certo pânico, sem saber muito bem como agir.

Eu tinha começado a manter alguns medicamentos básicos em casa, coisas como antibióticos, analgésicos e remédios para combater carrapatos e pulgas. No entanto, de cara soube que, daquela vez, não havia nada nem na moto, nem na minha casa que pudesse ajudar.

Eu me agachei para dar uma olhada melhor.

— Ei, amigo, o que foi que aconteceu com você, hein?

Os olhos do cão estavam arregalados e suplicantes. Ele sabia que estava em grandes apuros. O corte era profundo e bem no centro da testa. Apesar do sangue, que tinha coagulado ao redor do pelo, dava para ver o cérebro do pobre animal e outras partes de sua anatomia.

Cães feridos e com dor são propensos a agir de forma imprevisível — podem rosnar e morder. Quero dizer, você não faria a mesma coisa? Esse comportamento está longe de surpreender quando se trata de animais que passaram por algum trauma horrível infligido por mãos humanas.

Eu precisava agir com muita delicadeza. Muito devagar, estendi a mão para tocá-lo e dei uma cuidadosa esfregada em sua barriga a fim de distraí-lo o suficiente para conseguir me aproximar um pouco mais do medonho ferimento na cabeça.

— Vamos tentar dar um jeito em você, amigo — falei para acalmá-lo, espiando com cautela e preocupação a profundidade e a largura do talho.

O cachorro devia estar sentindo muita dor, pois, durante os vinte minutos em que falei com ele enquanto tentava conseguir pelo telefone um meio de transporte, ele se manteve estranhamente calmo.

Era quase desconcertante. Ele deveria estar uma fera, rosnando com toda a fúria para mim, o que seria compreensível. No entanto, ele sentiu que eu estava lá para ajudar, não para causar mais danos.

Seu estado era delicadíssimo; ao que parecia, sua vida estava por um fio, então eu sabia que não podia colocá-lo na scooter. O ferimento se localizava com tanta precisão entre os olhos que era impossível acreditar que tivesse sido um acidente. Alguém devia ter feito de propósito. É absolutamente inacreditável que um humano pudesse tentar acabar com um cachorro dessa forma.

Com delicadeza, coloquei a mão em sua barriga e senti o subir e descer da respiração assustada. Enquanto acariciava o pelo macio para confortá-lo, consegui providenciar que uma picape fosse nos buscar. Eu não fazia ideia se algum cachorro seria capaz de sobreviver àquilo; o ferimento parecia tão grave que, no meu coração, eu sentia que sua sobrevivência era improvável, mas sabia que precisava tentar levá-lo ao veterinário.

Alguns bondosos moradores locais pegaram toalhas, e, com todo o cuidado do mundo, acomodei o cão na traseira da picape e me empoleirei ao lado dele. Ele estava muito calmo e confiante. Eu tinha a profunda consciência de que o menor movimento na direção errada poderia atingir um nervo, cortar uma artéria e matá-lo. O trajeto de dez minutos até a clínica veterinária pareceu uma vida inteira. Aninhei o corpo dele no meu colo, o tempo todo o reconfortando com o que eu descreveria como uma espécie de "doces palavras amorosas" caninas em seu ouvido.

— Nós vamos tentar ajudar você, cara. Aguente firme por mim, bom garoto.

Era nítido que o cão estava um pouco angustiado, e cada solavanco na estrada suscitava um fraco gemido dele e uma careta minha em solidariedade, mas ele permaneceu inacreditavelmente calmo, levando-se em conta que seu cérebro estava quase escapando da cabeça. Especulei que ele devia estar em severo estado de choque, como outros cães na mesma situação estariam.

Liguei antes para avisar o veterinário que estava levando comigo um caso de absoluta emergência; assim que chegamos à clínica, todos abriram caminho para nós, e o cão foi direto para a sala de cirurgia. Enquanto isso, fiquei no balcão da recepção, duvidando que ele sairia vivo. Esperar que ele sobrevivesse parecia um excesso de esperança.

— Preencha o nome do paciente, por favor — pediu a recepcionista, me passando o formulário com o qual eu já estava bem familiarizado e uma caneta esferográfica velha.

É lógico que essa é sempre a primeira pergunta que eles fazem na clínica veterinária, e a verdade é que eu não tinha tido tempo para pensar a respeito. A essa altura, meu cérebro parecia tão acabado e fodido quanto o do pobre cachorro.

Escrevi apenas "Whack", pois ele tinha levado uma pancada violenta na cabeça. No entanto, isso era meio estranho, eu não podia chamá-lo de Pancada. Então me apressei em adicionar um sufixo "er" no fim. A partir daí, "Whacker" virou seu nome oficial.

177

Eles o anestesiaram enquanto o veterinário fazia uma avaliação minuciosa. Ele não tinha certeza se seria possível salvar o cachorro. Entretanto, daria o melhor de si.

A essa altura, a equipe do veterinário já me conhecia, e na sala de espera nós especulamos sobre o que poderia ter acontecido com Whacker. Ao que parecia, nosso garoto tinha sido atacado por algo como uma picareta ou uma pá de jardim, com a evidente intenção de matá-lo com um golpe firme na cabeça. Os moradores da região me disseram que, no ano anterior, cinco cães tinham sido envenenados na mesma área onde eles encontraram Whacker. Será que quem estava por trás da atrocidade achava que esse método seria mais rápido do que envenenamento?

De fato, 0,5 milímetro para qualquer lado teria resultado na morte imediata do cachorro.

A sobrevivência do Whacker, disse o veterinário, dependeria das doze horas seguintes. Pelo visto, o veterinário julgava que, se o cão sobrevivesse a essa janela crítica, poderia ficar bem.

Não havia mais nada que eu pudesse fazer a não ser ir para casa e esperar. Eu sabia que Whacker estava em boas mãos, mas não dormi muito, pois minha mente estava atarantada demais de preocupação, ou pensando na horrenda brutalidade que ele sofrera. Não foi o primeiro caso de vítima de maus-tratos a animais que eu vi, mas sem dúvida foi o mais escabroso que já testemunhei. Como alguém era capaz de fazer isso com um animal inocente?

No dia seguinte, fui direto ao veterinário. Whacker tinha sobrevivido à noite decisiva! O alívio era palpável. Ele tinha sido costurado, e seria necessário mantê-lo internado e monitorado durante o dia. O pobre coitado estava um caco, com um aspecto medonho e digno de pena. O veterinário teve que colocar um cano especial na ferida para drenar todo o sangue, pus e fluido (por falta de um termo médico mais técnico, chamei isso de "suco cerebral" — é provável que você tenha entendido ao que estou me referindo).

Era evidente que ele estava com dor e, além da cabeça ruim, Whacker tinha todos os outros problemas comuns a cães de rua, como pulgas, carrapatos e desnutrição generalizada, mas essas coisas poderiam ser solucionadas com um pouco de carinho e cuidado generoso.

Whacker tinha que ser mantido limpo para evitar infecções; então, como proteção, o veterinário colocou um grande cone elizabetano de plástico em torno de sua cabeça para impedi-lo de bater, coçar ou sujar o ferimento. Se você já levou um animal de estimação para fazer qualquer pequena cirurgia, sabe o que são esses cones. Em geral, os animais ficam muito irritados com esse acessório e querem arrancá-lo o mais rápido possível.

No entanto, Whacker, que, nas estimativas do veterinário, devia ter entre seis e oito anos, não lutou contra o cone de jeito nenhum. Talvez os cães da minha terra natal é que sejam um pouco mais melindrosos, tipo umas prima-donas, ou pode ser que os cães daqui fiquem tão gratos por qualquer cuidado médico que os aceitam sem reclamar tanto. Quem sabe, mas o fato é que Whacker era muito dócil e molenga.

Na verdade, ele não apenas aceitou o cone como também parecia orgulhoso de verdade do acessório, como se dissesse "Olhem só pra mim! Os caras aqui estão me ajeitando todo!".

Eu o levei comigo para o santuário, onde poderíamos ajudá-lo na recuperação logo após a cirurgia, e ele ficava saltitando e trotando de um lado para o outro com o cone empinado, mantendo a cabeça erguida, quase como se fosse um símbolo de status, um sinal de ostentação para mostrar que agora estava sendo bem tratado e muito bem cuidado. É isso aí, Whacker!

O orgulho com que ele usava o cone lhe dava um ar régio, fazia com que parecesse um reizinho trotando por aí, e foi assim que ele se tornou o King Whacker.

Durante as primeiras duas ou três semanas de recuperação, King Whacker foi e voltou várias vezes do veterinário, e ousei ter a esperança de que, no fim das contas, o rapazinho corajoso sobreviveria, pois ele fazia pequenas caminhadas comigo, de início apenas no terreno do santuário, e parecia melhorar um pouco mais a cada dia.

Ele é um cão tão adorável e amigável e tão entusiasmado para conhecer pessoas que deduzi que a hipótese mais provável para explicar o ataque que sofreu tenha decorrido o fato de que ele vivia zanzando no lugar errado. Se King Whacker por acaso se tornou um visitante frequente das imediações da casa de alguém, de um resort chique ou de uma elegante área privativa, pode ser que sua presença não fosse desejada. Além do mais, ele gostava de cavar buracos na terra, e, se alguém estiver tentando fazer sua propriedade parecer atraente, vai querer se livrar desse problema. A pessoa vai querer se livrar do cachorro.

Cheguei à conclusão de que é provável que ser grandalhão, inocente, bobo e legal como King Whacker tenha sido a característica que quase o matou.

Eu me enchia de alegria ao ver o progresso dele. Em cada matilha, sempre há um líder; os cães precisam de um mandachuva e confiam nele, e King Whacker é um líder como nenhum outro. Enquanto outros cães alfas usam a força e o poder para afirmar sua autoridade de maneiras tradicionais, como rosnar, brigar ou acumular comida para mostrar aos membros betas quem está no comando, King Whacker não faz nada disso. Ele não precisa, é simplesmente o chefe, o maioral, o rei, e todos respeitam isso. Ele saltita com alegria, controlando a matilha sem nunca precisar exibir os músculos nem a agressividade.

Tal qual um verdadeiro rei, todos o admiram, e ele lidera pelo exemplo. King Whacker é o primeiro a entrar em seu canil de maneira tranquila e ordeira. Ele espera com toda a paciência pela comida. Se outro cão age mal, King Whacker o controla com um olhar severo ou uma ligeira cutucada do focinho. Ele é um dos maiores cães, mas não é enorme nem usa seu tamanho contra quem quer que seja.

Ele é exatamente como a gente imagina um pai perfeito, que chega em casa depois de um longo dia no escritório e ainda encontra energia e paciência para rolar no chão e brincar com as crianças.

De maneira adorável, todos os filhotes mais novos disputam corridas entre si, cheios de energia e vida, e King Whacker faz uma brincadeira em que finge não conseguir alcançá-los, embora, é óbvio, consiga, porque é maior, mais rápido e mais forte. Ele não tem nada a provar.

O líder é quem denota o tom para o restante da matilha. King Whacker se comporta de maneira impecável, e todos os demais apenas seguem o exemplo do mandachuva.

King Whacker é de fato uma criatura nobre e maravilhosa; ele me ensinou que milagres acontecem e que as pessoas precisam aproveitar cada instante de alegria possível. Desde o momento em que ele entrou na minha vida com aquela ferida aberta e depois foi costurado, King Whacker simplesmente nunca perdeu nem um segundo no que diz respeito a aproveitar a vida. Ele sai para correr; cava buracos na areia; ama cada segundo; e o vive ao máximo como se fosse o último.

Mais do que ninguém, King Whacker me ensinou que, quaisquer que sejam os sustos e percalços que se enfrente na vida — e alguém rachar sua cabeça ao meio é um baita problema —, não se deve deixar que os contratempos atrapalhem a diversão.

Ele não tem reclamações a fazer contra ninguém, só tem amor para dar. Graças ao otimismo e à positividade, King Whacker se recuperou e deu a volta por cima. Inspirado por ele, prometi não ficar zangado com a violência e a crueldade que ele tinha sofrido, mas, em vez disso, trabalhar para educar melhor as pessoas.

O plano sempre foi encontrar um lugar seguro nas ruas para o King Whacker depois que ele se curasse. No entanto, várias pessoas expressaram interesse em dar a ele um lar definitivo. *Muita gente*, na verdade. Esse glorioso animal ficou tão popular graças às postagens que compartilhei sobre ele nas redes sociais, e mais de cinquenta pessoas de todo o mundo se candidataram para lhe oferecer um lar. Ainda há alguns detalhes a serem resolvidos, mas, de agora em diante, King Whacker levará a vida que merece e, no próximo verão, viajará para seu lar definitivo.

Alguém tentou matá-lo, porém, de novo, um cão incrível prova que milagres acontecem, e, desta vez, o bem triunfou sobre o mal.

15

ANTES, UM CASO PERDIDO... AGORA, FIRME E FORTE

Se existissem mais humanos como o Derek, juro que o mundo seria um lugar melhor. Ele é bondoso, modesto e cheio de gratidão pelo pouco que tem. Aprendi muita coisa convivendo com esse humilde cão de rua, que agora é uma espécie de herói para mim. Ele é a alma mais altruísta que alguém poderia conhecer.

Nascido e criado nas ruas de Koh Samui, sem raça definida, Derek nunca teve nada para chamar de seu nem nenhum humano para lhe dar afeto, e cada uma das refeições que ele fez na vida foi procurada e conquistada a duras penas. Sua vida, como acontece para muitos cães de rua, foi uma sucessão de desafios.

Ele não estava no radar de ninguém até que Rod o recolheu e me falou sobre um cachorro, ao qual ele já tinha nomeado Derek, em necessidade extrema. O santuário com que eu sonhava havia muito tempo enfim estava pronto para receber sua primeira leva de moradores. Rod perguntou se eu poderia acolher o Derek.

Eu não tinha visto fotos nem nenhum vídeo desse cachorro, mas confiava em Rod de olhos fechados. E, se ele julgava que um cachorro precisava de ajuda, era isso que eu tentaria fornecer.

Tenho que admitir, porém, que tive um choque quando Rod o trouxe e o vi pela primeira vez. Derek já era um cão de certa idade, é provável que na casa dos dez, talvez doze anos. Restava bem pouco de seu pelo, e, naquele mês de outubro, que é uma época mais fria e úmida, ele estava todo trêmulo, sem nenhuma barreira natural contra as intempéries, e soltava gemidos espontâneos.

A pele do Derek estava na pior condição que eu já tinha visto para um cachorro — com exceção da McMuffin e seus tumores. Havia feridas infeccionadas com sangue e pus, das quais escorria uma horrível gosma preta.

Jesus Cristo todo-poderoso.

Cada centímetro do seu pobre corpo digno de dó era simplesmente repugnante. Não havia outra maneira de descrever seu estado.

Nós o levamos ao veterinário, que coletou sangue. Os resultados eram tão catastróficos que restava pouquíssima coisa a ser feita.

— De acordo com os resultados, esse cão já deveria estar morto — alertou o veterinário. — Acho que ele não tem salvação, infelizmente.

No entanto, eu já tinha testemunhado esse pessimismo dos veterinários, como no caso da McMuffin. Senti que valia a pena dar ao velhote mais uma chance, então levei os resultados dos exames de sangue a um segundo veterinário.

— Este cão está praticamente morto, ele já era — confirmou o segundo veterinário, que disse que o Derek talvez não durasse nem mais uma hora. — De fato não há muito que possamos fazer.

A pobre criatura padecia de uma combinação letal de parasitas sanguíneos, doenças de pele, sarna e cerca de mil — não estou exagerando — pequenas pulgas e mosquinhas-das-frutas rastejando por toda a extensão da pele e entrando nas feridas. Por causa de uma anemia que parecia irreversível, os glóbulos vermelhos, os brancos e as plaquetas estavam cronicamente baixos.

O veterinário disse que era provável que a mera tentativa de tratamento com os medicamentos básicos para exterminar as pulgas matasse o cão, pois seu corpinho estava fraco demais para aguentar a medicação.

Não era o que eu queria ouvir, é lógico, mas tive que aceitar o fato de que nem todos os cães podem ser salvos. Alguns são irrecuperáveis, já estão além do ponto da salvação. Então, levei Derek de volta ao santuário. O mínimo que eu podia fazer era garantir que ele tivesse um fim de vida confortável. Removi o máximo de pulgas possível, mas ele sentia dor ao toque. Como tínhamos acabado de construir os canis, as estruturas ainda eram muito básicas. O cimento estava seco, mas frio. O pobre velhote mal tinha pelos para mantê-lo aquecido, e ainda não tínhamos equipado os alojamentos com camas de verdade.

Meu único pensamento foi voltar para casa, pegar o edredom da minha cama e colocá-lo lá para o Derek se enrolar durante a noite. E eu não conseguia nem sequer tocá-lo direito, porque ele estava dolorido e se encolhia quando eu tentava retirar algumas pulgas. Contudo, eu queria mostrar que estava ao seu lado, então usei meu dedo mindinho nas minúsculas partes de pelo ainda existentes.

— Estou com você, amigo — sussurrei, acariciando sua patinha. *Talvez não seja tão ruim o sofrimento dele acabar em pouco tempo,* pensei com meus botões.

Fiquei muito triste pelo Derek. Ainda assim, pelo menos ele tinha um teto sobre a cabeça e um edredom para se aconchegar. Eu tentaria oferecer a ele, no fim da vida, o máximo de dignidade e conforto que pudesse.

Eu me despedi com um boa-noite e fechei a porta com a plena certeza de que ele estaria morto pela manhã. Senti pena de não o ter conhecido antes e me perguntei onde eu precisaria cavar seu túmulo no dia seguinte.

Naquela noite, eu dormi mal, um sono inquieto e intermitente e, às seis da manhã, estava bem acordado e pronto para enfrentar qualquer condição em que o encontrasse. Ainda estava escuro quando fui de jipe até o santuário. Ao chegar e me preparar para o pior, abri a porta do canil dele e... fiquei surpreso ao constatar que ele ainda respirava. De alguma maneira, ele tinha sobrevivido à noite. E permaneceu vivo por mais uma, e depois outra. Passei quatro dias convencido de que o encontraria morto na vez seguinte que o visse, mas ele estava simplesmente segurando as pontas, contrariando todas as expectativas. Depois de quatro noites, concluí que Derek era muito parecido com Derek "Del Boy" Trotter, o simpático oportunista da série de comédia *Only Fools and Horses*, um sujeito que, por mais que enfrente perrengues e chegue ao fundo do poço, sempre sacode a poeira e dá a volta por cima. Um sobrevivente nato.

Derek dormia o tempo inteiro e bebia muita água, como se nunca conseguisse matar a sede. Depois de cinco dias parecendo estar à beira da morte, senti que talvez ele fosse mais forte do que todos nós presumíamos. Com cuidado, porque eu estava receoso quanto às feridas, apliquei um pouco do talco antipulgas, e, depois de uma semana cuidando dele, tínhamos nos livrado de todos os pequenos insetos que rastejavam nas lesões da pele, o que me deixou alegre. Será que, no fim das contas, Derek tinha mais algumas semanas de vida? Fiquei feliz por seus últimos dias terem sido mais confortáveis.

Apesar de todas as dificuldades de sua precária situação, e contrariando as previsões dos especialistas, Derek persistiu, aguentou firme e foi levando. Os resultados dos exames de sangue apontaram um pequeno progresso, talvez a contagem de células estivesse um pouco mais alta, e pudemos começar a dar remédios a Derek para eliminar de vez os parasitas. Aos poucos, houve uma ligeira melhora. A medicação estava começando a fazer efeito.

Depois de duas semanas, os olhos do Derek não pareciam exatamente vivos — e com certeza não estavam reluzentes —, mas digamos que estavam com um aspecto um pouco menos morto. O apetite voltara, e ele ainda bebia muita água, então senti que esse cachorro ainda não estava pronto para entregar os pontos.

A impressão era que Derek queria viver. Ele conseguiria sair do estágio crítico.

Em um mês, Derek evoluiu de um estado em que mal conseguia erguer a cabeça do travesseiro para ser capaz de se aventurar fora do canil e fazer suas necessidades sozinho. Veja bem, ele sempre ficava ansioso para voltar logo ao canil. Contudo, para surpresa de todos, ele ainda estava melhorando três meses depois de ter sido acolhido.

Compartilhei algumas fotos do progresso do Derek na internet, e não demorou para as pessoas ficarem obcecadas por ele. Era como se, de alguma maneira, Derek tivesse ressuscitado dos mortos. Isso cativou a imaginação das pessoas, e essa criatura em estado lamentável e olhos tristes de cachorrinho conquistou o coração de todos.

Um dia eu o levei a uma pequena caminhada, só uns 100 metros, mas tive a sensação de que foi uma grande conquista. Fiquei nas nuvens. Além do mais, Derek começou a tentar se comunicar comigo. Sim, eu sei que parece idiotice, mas juro por Deus que ele emite uns rosnados curtos, muito semelhantes a uma pequena canção, que é sua linguagem canina. Para aqueles que não são fluentes no idioma "cachorrês", talvez o que ele diz soe como "Rrrreeeauau". No entanto, eu o ouço em alto e bom som: "Olha só pra mim, Niall. Eu ainda estou aqui, hein? Quem diria que o velhote aqui ainda tem lenha pra queimar? Agora me dê mais um pouco de comida, por favor."

Se estivesse aqui com Derek, sei que você também entenderia a linguagem meio cantada dele.

A coisa mais cativante em Derek é o orgulho que ele sente de seu canil e o quanto é apegado ao seu cantinho, ou sua "suíte VIP", como gosto de chamá-la. Na vida de cão de rua, Derek tinha que revirar lixo à procura de comida, sofria para encontrar água e nunca tinha sido tratado com os milagres da medicina. De repente, ele ganhou uma casinha recém-pintada e guarnecida com uma cama de verdade. Agora era tudo dele!

As pessoas que acompanharam a milagrosa recuperação do Derek lhe enviaram cobertores e brinquedos macios, e ele estava adorando tudo.

Qualquer pessoa acharia o canil dele bem modesto, mas, na opinião de Derek, ele tinha se dado bem e arranjado uma vaga no Taj Mahal — com serviço de quarto duas vezes por dia.

Derek me ensinou que bens materiais e extravagâncias não significam nada. Para deixá-lo feliz, exuberante e realizado, bastam seu pequeno espaço com um teto sobre a cabeça, comida pela qual ele não precise lutar nem procurar no lixo e um pouquinho de amor.

Seu pelo está voltando e melhora dia após dia; os fios novos irrompendo na pele são de um adorável dourado-avermelhado misturado ao preto e a alguns tons grisalhos, adequados à idade do Derek. Às vezes ele treme um pouco e sente frio, mas tem pijamas aconchegantes para as noites mais frias ou úmidas e ainda gosta de uma massagem na barriga. Lindos e abobalhados, seus olhos são afetuosos, felizes e derretem corações.

Nos últimos tempos, ele deixou de exalar pus e a gosma feia e preta de antes; a única coisa que escorre dele é seu carisma angelical e lindamente discreto.

Ele é uma pequena alma bondosa que não late para ninguém, não briga com ninguém e adora me dar a patinha.

Lógico que Derek está velho agora, e em algum momento ele vai morrer, mas quando isso acontecer será no abrigo mais feliz do mundo. Ele é o único cachorro que nunca será adotado. Eu jamais poderia esperar que ele deixasse o pequeno lugar que tem tanto orgulho de chamar de lar. Ele viverá seus últimos dias aqui, sendo muito amado e bem cuidado.

Para mim, Derek é a prova viva da seguinte lição: não importa quanto as coisas estejam ruins ou quanto você se sinta desanimado e baqueado, tente nunca desistir. Hoje a situação pode parecer catastrófica, mas pode ser que daqui a alguns meses você esteja correndo pela praia sem nenhuma preocupação na vida.

Derek aprecia cada segundo, e eu tento viver de acordo com o exemplo dele.

Já que estamos falando de recuperações milagrosas, se lembra daquele cachorrinho chamado Rodney que conhecemos no Prólogo? Aquele garotão que estava todo esfolado e em carne viva e era basicamente uma bola nojenta de pele sarnenta, escamosa e cheia de pus? Nenhum naco de pele dele estava ileso. Fiquei acordado com ele a noite toda no meu escritório, enrolado em cobertores, sem saber se ele sobreviveria àquela primeira noite.

Bem, estou absolutamente nas nuvens em relatar que, graças a alguns medicamentos básicos e generosas doses de carinho e cuidado, aquele filhote foi se fortalecendo aos poucos. Alimentado com bife gorduroso e cavala fresca, o carinha enfim se recuperou por completo. Para mim, foi a realização de um sonho.

Estou mencionando Rodney agora, junto da história de Derek, porque os dois tinham problemas de pele muito semelhantes, com condições bem graves e dramáticas. Assim como Derek, o pequeno Rodney (vulgo Rodders) também passou por uma grande transformação de saúde. Na verdade, aquele filhotinho do tamanho de um melão que encontrei numa situação digna de pena teve uma das reviravoltas mais extraordinárias de todos os tempos.

Derek e Rodders se tornaram melhores amigos; Derek, mais velho, tomou o filhote sob sua proteção. Eles são dedicados um ao outro. É muito especial quando você vê animais criarem esses laços.

Compartilhei nas redes sociais a história do Rodney, e — meu Deus! — as pessoas se apaixonaram perdidamente por aquela alminha! As trapalhadas cômicas da dupla, numa dinâmica meio parecida com os meios-irmãos Del Boy e Rodney Trotter, encantavam todo mundo, até mesmo as pessoas que nunca tinham ouvido falar da série *Only Fools and Horses*.

Enquanto a recuperação de Derek, por ser um cão mais velho, foi relativamente lenta, a de Rodney se deu em questão de semanas.

Era como se, a cada dia, conforme o cachorro crescia e todas as suas células se renovavam, ele ficasse cada vez melhor. Desde o começo, percebi que um dia ele se tornaria um garoto grande, pois suas patas eram sempre muito desproporcionais em relação ao restante do corpo. E dia após dia a pele clareava e se curava lindamente, e a bela pelagem cinza começou a voltar.

Ele agora está recuperado por completo, irreconhecível em comparação àquele estado horrível em que Rod o encontrou. Irradiando boa saúde e energia, Rodders tem uma personalidade atrevida — e hoje em dia tem uma quedinha por sorvete. O melhor de tudo é que, quando perguntei ao exército de fãs de cães que me segue no Instagram se alguém poderia oferecer ao pequeno Rodders um lar definitivo, mais de duzentas pessoas se candidataram a ficar com ele para sempre. Você acredita nisso?

Meu coração se enche de alegria em saber que existem tantas pessoas dispostas a adotar cães e filhotes. Organizei um bom sistema, que está funcionando a pleno vapor, no qual os aspirantes a tutores de cães em um primeiro momento preenchem um formulário; em seguida, nós os selecionamos, conversamos com eles por videochamada e seguimos todos os procedimentos normais para verificar se são mesmo amantes de animais e se têm os requisitos compatíveis para suprir as necessidades e a personalidade de cada cão específico. Ter um tutor que ame e cuide desses animais como merecem fará uma grande diferença no futuro deles.

O pequeno Rodney irá para seu novo e definitivo lar graças a um adorável casal que mal pode esperar para torná-lo parte de sua vida. Eles moram no País de Gales, então vou mandar o Rodney com uma capa de chuva, mas sei que agora ele terá um futuro promissor. Vou sentir falta dele? Óbvio que sim. Assim como do Derek. Esse rapazinho trouxe muita alegria para todos nós aqui, assim como para as pessoas que acompanham sua história on--line. Ele é um dos cães mais populares que já conheci. Contudo, encontrar um lar de verdade para ele é mais importante do que mantê-lo aqui.

É isso que quero para todos os cães. Eles têm que vir em primeiro lugar, e o bem-estar deles é tudo.

Em um triste adendo a este capítulo, nem todas as histórias têm um final feliz. O resgate de animais é difícil por natureza, e são muitas as notícias ruins e os desafios.

Em outubro, tive um grande revés pessoal. Lucky, a primeira cadela pela qual me apaixonei em Koh Samui, sempre foi especial para mim. Depois de meses sendo solitária, ela criou um intenso vínculo de amizade com o pequeno Chopper, um cachorrinho de alegria contagiante que tinha sido abandonado. Eles eram inseparáveis e ficavam felizes da vida juntos; meu coração se enchia de alegria por ter a possibilidade de dar a eles os mimos que ambos mereciam, como levá-los para passar dias na praia. Ninguém leva uma vida mais difícil do que os cães de rua, então todos nós precisamos de um pouco de diversão nos fins de semana.

Até que, em certo dia de outono, a dupla simplesmente desapareceu e nunca mais foi vista.

Eu os amava do fundo do coração, ainda mais porque Lucky foi a primeira e se tornou a razão de eu ter começado a missão de ajudar os cães.

Nem preciso dizer que esgotei todas as opções para tentar encontrá-los, procurando pelos quatro cantos com a ajuda de muitos voluntários maravilhosos. Todos adoravam Lucky e Chopper e sabiam que eles eram meus xodós.

Nunca saberei ao certo o que aconteceu com eles ou para onde foram. No entanto, pelo bem da minha sanidade, não posso me agarrar a isso. Há muitos outros cães que precisam de ajuda. Tenho 95% de certeza — e só me resta ter esperança — de que Lucky e Chopper estão a salvo e simplesmente foram morar com humanos (um grande número de pessoas entra e sai da área, e Chopper tinha uma coleira quando o encontramos). Há 3% de mim que acreditam que eles talvez estejam com lavradores migrantes embrenhados num trecho mais profundo da selva e um dia voltarão. E, lamento dizer, também há uns 2% de mim que creem que algo ruim aconteceu com eles, ou que alguém os levou depois de vê-los nas redes sociais. Cães desaparecem, isso faz parte da vida. Contudo, com certeza é a parte mais difícil do meu trabalho. Lidar com um cão doente ou ferido é uma coisa, eu sei o que fazer nessa situação. Não saber onde eles estão, entretanto, me mata. Quando isso acontece, tenho que salvar mais cães para me motivar a continuar fazendo o que faço. Se eu ficar sentado e deprimido, ou me enfurecer, isso não vai me ajudar. Tudo o que posso fazer é permanecer implacavelmente otimista. Alguns cães reaparecem. Para algumas pessoas, isso pode parecer um dramalhão ou uma bobagem, mas, para ser sincero, não há uma única hora no dia em que eu não pense em Lucky e Chopper. Muitas vezes, simplesmente pulo na scooter e saio dirigindo sem rumo à procura deles. Vivo na esperança de um dia voltar a ver aquele lindo parzinho.

16

HORA DE COMER COMIDA DE VERDADE

Quando comecei a ajudar cães de rua, nos primeiros nove meses, minha maior preocupação era simplesmente encher barrigas vazias. Os cães estavam morrendo de fome, e comprar ração para eles era a resposta óbvia e mais rápida. De início, eu ia ao mercadinho local, mas depois passei a comprar a granel no atacadista para tornar a operação mais econômica. Minha cabeça estava tão abarrotada de planos relacionados à iniciativa de castração e à melhor maneira de financiar a empreitada que, num primeiro momento, a nutrição e a alimentação dos cães ficaram em segundo plano.

Contudo, em novembro, assim que o santuário estava estabelecido, me senti pronto para começar a pensar em oferecer aos cães refeições mais adequadas. Percebi que a tarefa de alimentá-los seria mais eficiente se eu preparasse uma comida fresca. Seria mais barato (e economizaria mais dinheiro para a tão importante castração), além de mais saudável e nutritivo, evitando problemas de saúde posteriores (essa era a minha esperança), e representaria uma grande economia de recursos, pois evitaria as contas caras dos veterinários no futuro.

Do lado de fora da casa onde vivi com minha mãe e meu pai. Eu me lembro de ser uma época feliz, em que eu não fazia ideia de que meu mundo estava prestes a virar de ponta-cabeça.

Sempre amei estar cercado de animais. Eu implorava ao meu avô e meus tios para me levarem com eles quando fossem pescar.

Enquanto crescia, fiquei obcecado por futebol e atividades ao ar livre — qualquer coisa para me livrar do dever de casa e manter minha imaginação hiperativa estimulada.

À ESQUERDA: Com um grupo de filhotes que resgatei debaixo de uma construção na selva com meus amigos Rod e Jewells. A vida dos cãezinhos é tão delicada e preciosa. Todos sobreviveram.

ACIMA: Cerca de um mês depois de eu ter começado a alimentar os cães, um jornal me convidou para uma matéria. Eles precisavam de fotografias, e um amigo tirou esta e outras com Daisy e Buttons, dois dos primeiros cães de rua que alimentei.

À ESQUERDA: Enquanto eu resgatava seus filhotes e mantinha o olhar atento nela, Britney ainda tentava protegê-los e me atacava com violência no processo.

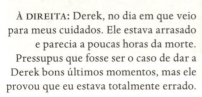

À DIREITA: Derek, no dia em que veio para meus cuidados. Ele estava arrasado e parecia a poucas horas da morte. Pressupus que fosse ser o caso de dar a Derek bons últimos momentos, mas ele provou que eu estava totalmente errado.

Na foto, King Whacker e eu sorrimos uma semana depois de alguém ter tentado matá-lo com uma picareta. O motivo do sorriso é que estamos felizes com o fato de que ele vai sobreviver.

Um amigo me encontrou derrubado em um carrinho de mão, no auge da exaustão mental e física depois de um dia com os cães. Certas vezes, o tanto que eles demandam pode ser demais.

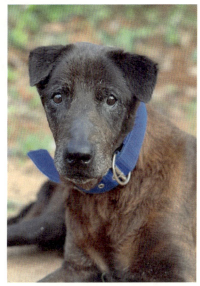

O notável Giuseppe. Nós o tiramos das ruas para dar a ele três meses de cuidado e um fim de vida maravilhoso e gracioso.

Não tenho muitos momentos de descanso, mas, quando posso, levo um cachorro comigo para passar dez minutos na rede. Na foto, estamos apenas balançando em total felicidade, cientes de que era para ambos estarmos mortos.

À DIREITA: McMuffin em sua primeira visita ao veterinário depois de ser resgatada. Ela agia como se fosse o fim de sua existência. McMuffin venceu um câncer e se tornou mascote do projeto.

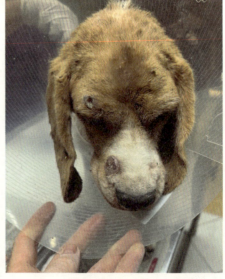

À ESQUERDA: O dia em que McMuffin nos "disse" que estava pronta para viver. Ela estava usando ataduras amarelas e vermelhas para esconder seus tumores cancerígenos, então olhei para o cardápio do McDonald's e encontrei o nome dela: McMuffin. Perfeito.

Lucky e Chopper foram os primeiros dois cães a conquistar o coração e a mente de todos. Eu os amava do fundo do coração, os levava à praia e arrumava desculpas para vê-los com frequência. Então, eles simplesmente desapareceram.

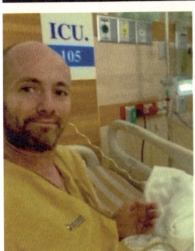

O dia depois que cheguei à UTI. Sentado naquela cama, à beira da morte, decidi que, se sobrevivesse, mudaria toda a minha vida e faria algo com verdadeiro propósito.

Com Tina, que foi feita de cadela reprodutora e era mantida presa a uma corrente curta, em agonia. Esta foto data do início de sua recuperação, mas ela já tinha se tornado a minha sombra. Nós dois estamos delirantes de felicidade e amor.

Um dia especial na praia para a supermãe Beyoncé e seu menininho Ryan Gosling. Ela merecia um agrado depois de sofrer muito na selva e ser tão corajosa.

Marlon Brando foi um garoto doce e cavalheiro. Eu o alimentei todos os dias e limpei seus olhos. Quando ele foi atropelado por um carro e abandonado no meio da estrada, foi importante lhe dar uma despedida digna.

Eu não sabia se o pequeno Rodney sobreviveria, mas esta foi uma das primeiras fotos de quando ele começou a se reerguer e mostrar que tinha um futuro.

Em meus passeios, estou sempre resgatando filhotes abandonados. Dominei a arte de carregar três deles em segurança com uma das mãos enquanto guio a scooter com o auxílio da outra — tempos emergenciais exigem medidas emergenciais.

Gosto de dar aos cães pequenos agrados de vez em quando — como fazer um banquete de Natal com tudo o que se tem direito para 80 deles.

Eu me sinto totalmente livre e à vontade quando saio para encontrar e salvar cães. Não preciso de bens materiais, carros de luxo ou nada do tipo. Todo segundo do dia parece recompensador, não importa quão desafiador seja.

O resgate de Britney foi o mais difícil de todos. Ela deixou de atacar pessoas e outros cães e se tornou uma cadela muito mais calma. Ela dá muito trabalho, mas nesta foto está em seu lugar preferido.

Snoop, Jumbo e Britney são os três cachorros que moram comigo em tempo integral — todos cães resgatados que precisam de cuidados especiais extras. Quando chego em casa cansado, eles estão sempre esperando por mim, procurando por aventura!

Snoop saindo de sua caixa de transporte no dia que chegamos à Tailândia. Não nos víamos havia 24 horas, e eu estava morto de preocupação. Nosso laço é puramente genuíno, até mesmo nos momentos ruins.

Além disso, seria mais saboroso para os cães. Eles devoravam a ração por necessidade, mas não era uma comida exatamente gostosa nem agradável. Você gostaria de mastigar um monte de papelão só para fazer sua barriga parar de roncar? Eu também não.

Meu desejo era entender a situação da comida e por isso me ofereci para ajudar alguns grupos de voluntários locais que alimentavam cães de rua.

Quero deixar bem pontuado, de uma vez por todas, que não sou a primeira pessoa a socorrer cães de rua na Tailândia. Não sou um salvador da pátria que teve a coragem de pisar num terreno onde outros não ousaram ir — ou nunca se deram ao trabalho de ir —, longe disso. Eu odiaria que alguém pensasse que estou reivindicando essa primazia só porque minha voz tem mais alcance e minha presença on-line é mais ostensiva.

Muitas outras pessoas aqui em Koh Samui vêm realizando todos esses trabalhos — alimentar os animais, tentar castrá-los, cuidar deles — há muito mais tempo do que eu. Tiro meu chapéu para todas elas.

O que não percebi antes de me envolver no ramo dos cuidados caninos é que aqui existe uma verdadeira "cena" de ajudar aos cães. Há uma rivalidade real entre as várias instituições de caridade, organizações e grupos de voluntários de assistência aos cães, assim como pode haver em qualquer outra área da vida ou local de trabalho. São muitos os voluntários, e cada um tem sua maneira de fazer as coisas. É um pouco como a ciência de assar bolos: você tem a receita de bolo molhado da sua mãe, mas todo mundo acha que o bolo da própria mãe é melhor. No fim das contas, todo mundo está só tentando fazer o melhor, mas ainda assim as pessoas julgam os métodos alheios.

Todo mundo tem as próprias ideias em relação ao que dar de comer aos cães e como alimentá-los. Ao conviver com os voluntários, testemunhei que muitos cozinhavam arroz e misturavam com ração para fazer render mais. Também adicionavam sobras doadas por restaurantes, além de ossos, caldos ou seus toques pessoais para tornar as refeições mais saborosas e encorpadas.

Todos estavam fazendo isso do próprio jeito e com paixão e amor genuínos, mas percebi que era trabalhoso e duplicava a quantidade de tempo necessária para cuidar dos cães.

Por ter vindo de uma formação empresarial e saber o quanto a eficiência é crucial se você quer que tudo corra bem e seja um sucesso, achei isso um pouco frustrante. Eu me ofereci para cozinhar toda a comida em bateladas, de modo que apenas eu precisaria acordar de madrugada, em vez de todo mundo, portanto as outras pessoas poderiam economizar esse tempo de preparo dos alimentos e utilizá-lo na distribuição da comida. Julguei que fazia sentido, embora eu estivesse ciente de que um novato dando pitacos poderia irritar as pessoas ou fazer muita gente torcer o nariz — algo que nunca foi minha intenção.

Uma das minhas amigas, uma senhora alemã mais velha, há anos alimenta cerca de trezentos cães, e, para dizer a verdade, fiquei um pouco constrangido quando minha história atraiu mais interesse na internet do que a dela. Não que ela tenha ficado remotamente incomodada com isso, tenho certeza; o foco dela, assim como o meu, está nos cães e em fazer o melhor por eles. Mesmo assim, dá para entender como me senti.

O que ficou evidente pra mim foi que os cães amavam muito mais a comida caseira do que a ração seca pura. Eles a devoravam com alegria, com gosto e entusiasmo, salivando enquanto era servida, o rabo abanando, a grande língua rosada lambendo até o último pedaço, e era maravilhoso assistir. Esses cães têm tão pouco prazer ou vantagem na vida que ser capaz de tornar sua experiência alimentar agradável parecia o mínimo que poderíamos oferecer. Ainda mais porque era mais barato.

Fazia muito mais sentido começar a preparar alimentos frescos comprando arroz, vegetais e carne a granel de atacadistas e mercados. Falei com especialistas em animais de estimação, nutricionistas e voluntários que já trabalhavam com os cães para aprender tudo sobre o que a cachorrada gosta de comer. Nós trocamos ideias e, juntos, criamos algumas receitas básicas que não nos levariam à falência.

O arroz é o alimento mais barato e é muito nutritivo; também descobri que um pouco de óleo de coco faz bem, além de ser eficaz para dar liga. Vegetais são uma ótima opção, porque você pode usar qualquer um que esteja na estação, e os mais baratos, como cenoura, abóbora e repolho, funcionam bem. Ovos, com casca e tudo, são excelentes fontes de proteína. Carne fresca sempre será mais cara, mas um pouco de carne escura de frango ajuda bastante. Além disso, o sangue de frango tem um valor proteico ainda maior e torna a comida mais saborosa para os cães — boa pra cachorro, digamos. Pode não agradar a você e a mim, mas os caninos gostam, eu juro!

Encontrei um enorme supermercado atacadista e, naquela primeira semana, quase acabei com o estoque de sangue de frango deles. Comprei as maiores panelas e frigideiras industriais que pude encontrar para fazer grandes quantidades de comida, mobilizei o maior número de voluntários possível e contei com a ajuda e a boa vontade de todos para me dar uma força na distribuição das refeições.

Por causa da minha formação como chef, eu estava acostumado a fazer comida em grande escala, então, para mim, a ideia de cozinhar para centenas de cachorros por semana não era muito assustadora. Fiquei empolgadíssimo por poder usar algumas habilidades da minha vida antiga e tinha a impressão de que os "clientes" ficariam muito mais agradecidos do que alguns dos ricos e famosos a quem eu tinha servido na minha antiga carreira.

Por um valor baixíssimo, aluguei uma cozinha e tive o cuidado de escolher uma localização bem central, de modo que os voluntários pudessem buscar a comida caseira todos os dias, e em pouco tempo estava fazendo 200 quilos de comida por dia. Isso me permitia produzir cerca de 5 mil refeições por semana. A satisfação de conseguir resolver essas questões práticas foi imensa.

Tentamos uma variedade de receitas para descobrir as que os cachorros adorariam e, embora Snoop passe a maior parte do dia dormindo, eu o tirei da aposentadoria e o pus para trabalhar. Dei a ele o cargo de DDO — Diretor de Degustação Oficial —, e sua tarefa era experimentar as comidas! Ter cuidado com o controle de qualidade nunca é demais, e o bom e velho Snoop leva esse trabalho muito a sério.

Também comecei a pensar que, se fizéssemos uma comida decente de verdade, talvez os tutores de animais de estimação pudessem até comprá-la de nós, e aí poderíamos arrecadar mais dinheiro para necessidades como remédios e castração. Talvez outros voluntários em diversas partes do país pudessem reproduzir os pratos para alimentar seus cães de rua de um jeito bom e barato, por que não? A essa altura, você já me conhece e sabe que estou sempre cheio de planos grandiosos...

Havia alguns problemas logísticos para solucionar, é óbvio: preocupações com armazenamento e outros elementos para resolver, mas eu sabia que era muito factível. Para servir a comida, encontramos cascas de coco velhas ou folhas de palmeira, que enchíamos com conchas generosas direto das panelas. Eu sorria pensando em como teria descrito alguns dos pratos nos meus tempos de chef, como "risoto de pato com abóbora assada e repolho asiático".

— Aqui está, rapazes — dizia eu, abrindo um sorriso largo ao servir a comida para a cachorrada feliz. — *Bon appétit!*

Incumbi uma cozinheira de um restaurante tailandês local de preparar a comida. A receita leva arroz, caldo de galinha, cenoura, abóbora, ovos, pescoço de pato, repolho e óleo de coco. É um prato concebido para ser o mais barato e saudável possível para os cães, além de saboroso — se você fechasse os olhos e eu lhe desse uma colherada, acho que você gostaria!

A melhor parte é que dar de comer aos oitenta cães com uma mistura de ração seca e enlatada custava cerca de 30 dólares por dia. A nova comida custa cerca de 90 dólares por dia e alimenta oitocentos cães.

A economia é absurda e significa que os voluntários locais que alimentam os cães podem usar qualquer dinheiro extra para comprar remédios em vez de comida. Em algum momento, eu gostaria de começar a adicionar suplementos para melhorar a saúde geral dos cães.

Ser capaz de tornar melhor a situação alimentar dos cães de forma tão drástica parece um progresso real, e os seguidores on-line adoram acompanhar os cachorrinhos devorando refeições caseiras.

Gosto de postar sobre os cães e o que estou fazendo, e isso é eficaz porque as pessoas querem ajudar. Eu não conseguiria viver sem as mensagens de apoio que levantam meu astral em dias difíceis. E a generosidade das doações me surpreende, assim como o fornecimento de meios financeiros cruciais que de fato viabilizam que eu realize o trabalho. Acho que agora tenho uma experiência razoável nisso.

Contudo, tenho constantes ataques de síndrome do impostor e, quando as pessoas escrevem no Instagram que sou "um anjo", "um herói" e coisas do tipo, morro de vergonha e, para ser sincero, me sinto uma fraude. Anjos e heróis são as pessoas cujo ganha-pão é combater incêndios, cuidar dos doentes: trabalhadores do sistema público de saúde, assistentes sociais, bombeiros, professores, gente que ajuda crianças famintas... Esses são os verdadeiros heróis e heroínas. Eu, não.

Eu me sinto muito desconfortável com a ideia de transformar qualquer coisa que eu faça em uma missão para me cobrir de glórias. Imagino, no entanto, que devam existir pessoas que talvez possam me acusar disso, o que me deixa angustiado.

No que diz respeito a cuidar de cães de rua, não existe jeito certo ou errado. É um problema crônico da Tailândia, muito difícil de solucionar, e todo mundo está tentando fazer o melhor que pode. Eu não conseguiria fazer nem uma pequena fração do que faço sem toda a ajuda e todo o apoio que recebo. Veterinários de outros países já me ofereceram conselhos sobre raios-X de graça, alguns pet shops me dão descontos, tenho amigos que me ajudam a filmar os vídeos que divulgo na internet. Sempre me surpreende que todas essas pessoas estejam dispostas a compartilhar sua experiência profissional comigo e me ajudar de tantas maneiras.

Era dezembro, e eu estava refletindo sobre já estar alimentando os cães havia quase um ano. Eu também estava sóbrio por quase dois anos. Essas são duas conquistas extremamente importantes na minha vida, às quais nunca deixo de dar o devido valor.

Eu estava fazendo a segunda ronda de alimentação do dia. Nem sempre faço isso, mas, se há cães que precisam de outra refeição, dou um jeito de encaixar mais uma ronda à noite.

Avistei meu amigo Rod vindo pela colina, o que era incomum àquela hora. Ele também alimenta os cães, mas não costuma estar pela área naquele horário específico. Sempre gosto de ver o Rod, mas, naquele momento, senti uma pontada de ansiedade: ele estava pilotando a moto numa velocidade muito maior do que o normal e parecia impulsionado por uma missão para chegar até mim.

E, assim que Rod se aproximou o suficiente para que eu visse seu rosto angustiado, mais pálido do que o normal e com o maxilar cerrado, soube que algo grave tinha acontecido.

— Me conta logo de uma vez, Rod! — pedi, assim que ele desmontou da moto. Não fazia sentido enrolar. — O que está acontecendo?

— Um dos seus foi atropelado — respondeu ele.

— Quem? — indaguei, o coração apertado. Pensei na direção de onde Rod tinha surgido e deduzi que seria alguém da matilha do Bubba, um dos membros da minha gangue original. Antes mesmo que ele respondesse, senti que já sabia a resposta.

— É o velhote — disse Rod. — Sinto muito, Niall.

Meu instinto estava certo. Marlon Brando, com seus olhos ruins e gosmentos. *Morto*. As estradas daqui são um perigo para os cães de rua, mas, para um cachorro com a visão prejudicada, quase cego, como era o caso do Marlon Brando, parecia inevitável que isso acontecesse.

O fato inacreditavelmente injusto, porém, foi ter sido um atropelamento cruel. Um carro passou por cima da pobre criatura e a matou no ato. No entanto, o motorista covarde não teve a decência humana de parar e prestar socorro nem de mover o corpo para o acostamento.

Instruí Rod a ir para casa, agradeci a ele por ter ido me contar pessoalmente, mas afirmei que lidaria sozinho com o corpo do Marlon. Ele era muito especial para mim. Eu precisava estar lá para me despedir.

Dirigi em disparada até onde Rod me disse que eu o encontraria; ficava a apenas 500 metros, e eu estava planejando alimentá-lo na minha próxima parada. Senti um embrulho horrível no estômago. Ele não viria mais correndo até mim, eu nunca o veria devorando as refeições caseiras de novo, ele não roçaria mais o sábio focinho em mim, me pedindo para limpar seus olhos.

Seu corpo belo e nobre, quase intacto, jazia imóvel no meio da estrada. Ainda estava morno ao toque, um sinal nítido de que morrera havia apenas uns dez minutos, no máximo quinze.

Havia sangue escorrendo da boca, mas parecia ter sido uma morte instantânea. Eu me senti grato por ele não ter tido uma partida lenta e agonizante. Marlon Brando parecia tão bonito e tranquilo. Como se estivesse cochilando ao sol depois de uma refeição especialmente maravilhosa. Pobre velhote.

A pessoa não teve mesmo a decência de tirá-lo da pista? De tratá-lo com um pouco de dignidade?

Entretanto, o que aprendi desde que cheguei aqui é que não faz muito sentido ficar zangado. Eu só preciso resolver o problema canino que estiver diante de mim em determinado momento, seja perturbador, seja supercaro ou demorado. É assim que as coisas são.

Com as pernas um pouco bambas, ergui o corpo magro do Marlon Brando da estrada principal e o coloquei no acostamento de grama. Bubba, o líder de sua matilha, me observou o tempo todo, de cabeça baixa. Os cães mais jovens estavam todos brincando na grama ao fundo, alheios aos fatos, mas o Bubba sabia exatamente o que estava acontecendo. Ele sabia a verdade.

Você pode não acreditar em mim, mas os cães, assim como nós, são 100% capazes de lamentar a perda de entes queridos. Já testemunhei isso várias vezes. Criaturas cheias de alma, os cães podem passar até três semanas de luto. O perspicaz Bubba sabia que Marlon Brando não voltaria mais.

Fui buscar uma pá e comecei a tarefa de cavar um buraco para enterrar Marlon Brando. A menos que você seja coveiro profissional, é provável que nunca tenha tido que fazer isso. E o que sempre me surpreende — embora eu já tenha enterrado muitos cães — é o esforço exorbitante necessário. Abrir um buraco fundo o suficiente para enterrar um cão de tamanho considerável, sobretudo em países quentes, onde isso é crucial para a higiene, não é uma tarefa fácil.

No entanto, cavei até criar um buraco fundo o bastante. Em seguida, eu o enrolei em alguns lençóis velhos e depois em uma camada de plástico para impedir que outros animais sentissem o cheiro dele e o desenterrassem.

Depois de preparar seu corpo da melhor forma que pude e com todo o amor, coloquei Marlon Brando, o Poderoso Dogão, para descansar pela última vez. Escolhi um lugar tranquilo, longe da estrada e sob os coqueiros, onde ele passou a vida sendo um garoto encantador e gentil que se dava bem com todo mundo. Eu o coloquei perto de onde vivia sua matilha — Bubba, Daisy, Wigglebut, Super Max e Bouncy —, para que ele ficasse na companhia de bons amigos.

Procurei algumas pedras para improvisar uma pequena lápide e voltei na manhã seguinte com flores e um brinquedinho de osso que tinha em casa para fazer um pequeno memorial para ele.

Fiquei arrasado por alguém tê-lo atropelado e abandonado com tão pouca dignidade. Um cão refinado, nobre e magnífico como Marlon Brando merecia um fim mais adequado.

Tentei, contudo, me concentrar nos aspectos positivos. Ele teve uma vida boa de verdade. Chegar aos doze anos sendo cão de rua não é tarefa fácil. Ele tinha vivido numa ilha paradisíaca com os amigos. Tinha desfrutado de uma saúde excelente por quase toda a vida. Tinha recebido seu quinhão de boa comida — fiquei muito feliz em saber que ele não havia comido apenas ração, e sim que também estava lá quando comecei com as refeições frescas. No fim da vida, ele tinha conseguido aproveitar jantares caseiros com gosto e prazer, lambendo com satisfação cada último pedaço saboroso.

Foi uma alegria vê-lo tão feliz.

Eu demonstrava minha lealdade limpando seus olhos todas as vezes, sem falta. E agora eu tinha a esperança de mostrar a ele meu amor e respeito com uma despedida adequada.

A montanha de emoção e amor quando compartilhei com meus seguidores a notícia da morte do Marlon Brando foi algo que eu nem de longe esperava. É óbvio que não divulguei as fotos mais escabrosas, mas eu queria que as pessoas soubessem que ele tinha falecido, pois todos — mesmo aqueles que moravam do outro lado do mundo — o amavam.

Uma mulher de Brisbane, Austrália, me surpreendeu ao me enviar um retrato do Marlon Brando que ela pintara usando como base apenas uma foto do meu Instagram. Ela captou a essência do cachorro e me fez derramar uma lágrima.

As pessoas deixaram comentários carinhosos que tocaram minha alma. Outros doaram dinheiro em nome do Marlon Brando, o que significava que eu poderia castrar e oferecer medicamentos a outros cães em homenagem a ele.

Recebi as cartas mais doces de crianças afirmando que queriam doar o dinheirinho da mesada para ajudar os cães e de pessoas contando que no fim de semana deixariam de ir ao Starbucks para, em vez disso, doar 5 libras. Para ser franco, eu poderia me debulhar em lágrimas o dia inteiro pensando na generosidade de desconhecidos durante toda a missão.

Também usei parte do dinheiro para alimentar seiscentos cães da ilha com uma refeição nutritiva de verdade, para que ficassem de barriga cheia, assim como Marlon Brando estava ao falecer.

Ele era um cão de rua tão especial que muitas pessoas se emocionaram a ponto de chorar, mesmo sem nunca o terem conhecido. Incrível.

Essa reação significou muito, muito para mim. Ali estava um cãozinho de rua sem voz e sem teto, que nunca machucara uma mosca e que se sentia feliz apenas por estar vivo, grato por ter sorte na vida, e agora estava sendo verdadeiramente reverenciado e adorado na morte. Isso me fez perceber que, no fim das contas, a bondade sempre vencerá.

Tento não ficar enfurecido com o atropelamento. Com quanto os humanos podem ser descuidados e negligentes. No entanto, me peguei tendo pensamentos sombrios sobre a pessoa responsável por matar Marlon Brando. Quando chegasse sua hora de falecer, será que essa pessoa receberia o mesmo amor demonstrado a esse cão tão glorioso? Suspeitei que, quem quer que fosse, essa pessoa talvez não tivesse a vida celebrada da mesma maneira que meu amigo de quatro patas.

Ainda visito o túmulo do Marlon Brando, assim como o do Tyson. Converso com ele e conto as coisas boas e ruins que estão acontecendo comigo, e sempre me lembro de dizer a ele quanto fui sortudo por tê-lo tido em minha vida.

17

NÃO É TODO DIA QUE VOCÊ ENCONTRA UM GOLDEN RETRIEVER NA TAILÂNDIA

Um revés como perder Marlon Brando daquela forma me derruba de verdade. Mas, para o bem ou para o mal, sempre haverá outro cão especial precisando de ajuda.
Eu vinha cuidando do Giuseppe desde o começo. Esse cão já estava idoso e vivia perto dos vendedores ambulantes no pequeno vilarejo onde moro. Ele nunca ficava sem um pedaço de frango ou algumas guloseimas, mas, embora fosse uma espécie de cão comunitário, ninguém se preocupava com sua saúde em declínio. A mobilidade de Giuseppe começou a piorar, e a situação das patas traseiras se agravou com a idade. Ele até conseguia se arrastar, mas sua capacidade de deslocamento diminuiu a tal ponto que ele só dava conta de andar de 5 a 10 metros por vez, na melhor das hipóteses.

Passei semanas pensando na melhor solução enquanto a saúde de Giuseppe se deteriorava bem diante de mim. Isso estava partindo meu coração, mas eu tinha plena consciência dos cuidados e da atenção de que um cão naquela fase da vida precisaria. Fiquei feliz em ajudar, mas, ao mesmo tempo — com centenas de outros cães que ainda precisavam da minha ajuda —, eu não sabia se aquele era um bom uso do meu tempo. Não era para estar me concentrando em providenciar castração para os cães?

No fim, cheguei um dia na scooter, e os céus desabaram em cima de mim e do Giuseppe. Ele não conseguia mais se arrastar para se abrigar, então, enquanto estávamos lá sob a tempestade torrencial, disse a ele:

— Acho que agora já chega, Giuseppe. Você vem comigo.

Os exames e as opiniões de vários veterinários diferentes confirmaram o pior. Ele tinha vértebras da coluna fusionadas e não se recuperaria. Era uma questão de lhe dar qualidade de vida. Tentamos de tudo, incluindo medicação, levá-lo para nadar, sessões de acupuntura e massagens suaves nas patas velhas e doloridas. Embora suas patas só tenham melhorado um pouco, seu ânimo reacendeu de imediato quando o levei ao santuário. Nós lhe dávamos comida fresca, e ele dormia na cama mais confortável, com muitos travesseiros e cobertores. Era como sua casa de repouso, e ele costumava ficar sentado e latir para todos os cachorros jovens que pulavam ao seu redor. O brilho em seus olhos estava de volta, e ele ficou conosco por três meses.

Dava uma trabalheira danada limpar a bagunça do Giuseppe, e muitos de nós nos empenhávamos para carregá-lo de um lugar a outro. Às vezes, eu me preocupava se tínhamos feito a coisa certa. Só tive confirmação quando o vi nas últimas semanas de vida.

Dois exemplos me vêm à mente...

O primeiro foi um carrinho que meu amigo Rod fez para ele. Era como um daqueles carrinhos utilitários planos que você encontra nas lojas IKEA. Nós o forramos com cobertores macios e instalamos um ventilador movido a energia solar, e ele tinha até a própria música. Costumávamos levá-lo no carrinho para passear e o púnhamos sentado perto dos humanos para desfrutar da comida. Juro que, quando o colocávamos nessa engenhoca, ele sorria, olhava para os cachorros mais jovens e dizia: "Olhem só pra mim. Já fui um cachorro de rua e agora sou o rei."

O segundo exemplo foi quando o Giuseppe faleceu. Todos sabíamos que tinha chegado a hora, então nos reunimos para comer bolo, beber refrigerante e bater papo sobre a vida dele. Giuseppe comeu salsichas e guloseimas até a barriga não aguentar mais. Sentado no carrinho, ele simplesmente achou que estava participando da melhor festa de sua vida. Se não estivesse tão ocupado recebendo carinhos na barriga e mais guloseimas, ele teria visto alguns olhos úmidos.

Giuseppe partiu aos poucos, sem nenhuma preocupação no mundo, com cada um dos meus amigos segurando uma de suas patas enquanto outro coçava sua barriga. Esse cãozinho de rua nunca tinha sido tão mimado na vida. Olhei em seus olhos no exato segundo em que ele estava fechando os dele e sussurrei que ele era amado por muitas pessoas e que faríamos algo especial em sua homenagem. Esse algo especial era o jardim de lembranças do Giuseppe, onde ele está enterrado. Plantamos grama fresca, árvores e flores perfumadas, e é um lugar onde podemos dizer um oi a ele todos os dias enquanto cuidamos dos outros cães.

Giuseppe teve uma boa vida nas ruas. Ele conseguiu se tornar um cavalheiro mais velho e distinto e, no fim, precisou de uma ajudinha para manter a dignidade e atravessar para o outro lado com alguma graciosidade.

Há uma história adorável que simplesmente não posso deixar de fora. Conheci a Tina em fevereiro de 2023. Ela chegou — como a maioria dos cães de rua — em estado lamentável. Até aí, tudo normal. Contudo, Tina parecia um pouco diferente dos demais cães de rua tailandeses. Ela era uma golden retriever.

Presa a uma corrente curta, alguma coisa nessa cadela me fez lembrar muito de mim mesmo nos dias em que estive internado na UTI. Seu corpo e, mais importante, sua alma tinham sido destroçados por implacáveis maus-tratos ao longo de anos a fio. Ela estava em frangalhos — literalmente coberta pela própria imundície, coitadinha, você pode imaginar o mau cheiro que ela exalava e como ela se sentia —, e, de cabo a rabo, sua aparência era horrível.

Tina estava cochilando, talvez se perguntando, como eu mesmo tinha feito um dia, se não seria melhor simplesmente não acordar nunca mais. Dei uma cutucada de leve para acordá-la e vi a mais tênue faísca de vida em seus olhos. Para ser sincero, isso me surpreendeu; considerando o estado dela, eu meio que esperava que ela já tivesse entregado os pontos. No entanto, Tina ergueu a cabeça, assim como eu fazia com as enfermeiras quando estava no hospital, tentando dar a elas um sinal de que, na verdade, apesar do meu estado lamentável, eu queria ser salvo. Meu estado era de quase aniquilação, mas eu precisava de algo para continuar. Ainda não tinha sucumbido. A situação da Tina era idêntica.

Embora acorrentada e emporcalhada com as próprias fezes, a vontade de viver de Tina logo cintilou e ficou evidente. Quando a tirei da corrente e a coloquei no carro para irmos ao atendimento veterinário de emergência, soube que seus problemas estavam a caminho do fim. Contudo, da mesma forma que nas minhas abstinências de álcool e Valium, ela enfrentaria algumas semanas de tremenda dor física enquanto seu corpo tentava se reajustar. Ela havia atingido o fundo do poço e não tinha esperança para o futuro; mas, ironicamente, atingir o ponto mais precário e estar tão destruída eram os fatores necessários para melhorar. Lógico, eu mesmo tinha infligido aqueles ferimentos ao meu corpo e à minha alma ao longo de anos de abusos. Tina não fizera nada. A cachorra não tinha culpa. Foram humanos horríveis que a deixaram chegar àquele estado. Não era justo, e eu não aceitaria isso de braços cruzados.

Não foi fácil resgatá-la. Vamos falar a real: quase nunca é. Recebi duas mensagens de diferentes viajantes que a tinham encontrado nos arredores de uma atração turística local. Assim que vi as fotos, pensei que aquela era a cadela de aparência mais triste que eu já tinha visto na vida. Eu sabia que precisava salvá-la o quanto antes, então fui até ela acompanhado de Rod e Jewells, que a essa altura também se tornara uma grande amiga minha. Eles me ajudaram muitas vezes.

Nós nos deparamos com algo devastador. Tina estava nas montanhas, presa a uma corrente curta, e tinha apenas um pouco de água para se manter viva. Como se essa situação já não fosse ruim o suficiente, sua aparência foi um grande choque. Não quero perturbar ninguém com a comparação, mas seu nível de desnutrição e magreza me fez lembrar de antigos filmes com prisioneiros de guerra. As costelas se destacavam na pele do peito, e dava para ver com toda a nitidez a pélvis e os ossos das patas traseiras. Ela era um esqueleto ambulante.

Grandes áreas do corpo e do rosto tinham perdido a pelagem, e a pele estava em carne viva, dolorosamente queimada pelo sol forte. Ela mostrava sinais de infestações de carrapatos, e as orelhas estavam bem infectadas. E seu cheiro era absolutamente terrível, porque a corrente curta significava que ela só conseguia ficar sentada em cima das próprias fezes. Qual é o nível dessa crueldade? Submeter uma criatura a tamanha indignidade?

Não é exagero afirmar que ela era a cadela com o aspecto mais repugnante que eu já tinha visto em todo o meu tempo trabalhando com cães.

Os supostos tutores apareceram e disseram que a Tina era uma golden retriever. Eu não conseguia acreditar que aquela ruína cadavérica na minha frente era de uma raça tão associada à energia e à beleza. Golden retrievers são raros na Tailândia, e, a julgar pelas tetas, a pobre coitada tinha tido muitas ninhadas. Ter cães está se tornando moda aqui, e imagino que uma golden retriever renderia muito dinheiro, então presumo que os tais tutores tinham usado a Tina para procriar — e agora estavam de saco cheio dela.

Eles me contaram uma história da carochinha sobre ela ter sido atropelada por um carro e, portanto, precisar ter a mobilidade limitada para que se curasse. Estava na cara que era uma lorota e que a cachorra vinha sendo mantida acorrentada e escandalosamente negligenciada.

Seguiu-se uma negociação muito tensa entre os tutores e nós. Eles não queriam ficar desmoralizados diante dos ocidentais, e eu não queria contrariá-los nem causar um conflito violento, então propus algo do tipo:

— Vejam bem, vou levar a cachorra e cuidar dela pra vocês. Vai ficar bem caro deixá-la saudável de novo, e vocês não vão querer arcar com os custos.

Verdade seja dita, acho que eles ficaram felizes da vida por se livrarem dela.

Depois que a tiramos daquele lugar horrendo, onde a cachorra ficava acorrentada nas montanhas, nós a levamos ao veterinário. Ora, sendo uma golden retriever por volta dos seis a oito anos, Tina deveria pesar cerca de 27 quilos. No entanto, ela pesava 12,5 quilos, menos da metade do peso que deveria ter. O veterinário fez exames completos: ultrassom, raios-X, tudo. As imagens mostraram umas coisas afiadas muito esquisitas mesmo, para as quais ninguém conseguiu diagnosticar a causa. Era algo tão bizarro que o veterinário enviou as fotos a outros veterinários ao redor do mundo para ter alguma ideia. Por fim, a conclusão foi de que dentro dela havia algumas antigas suturas cirúrgicas, que adquiriram um aspecto singular porque a anatomia da cachorra ficou tão distorcida por conta da desnutrição que ninguém nunca tinha visto algo parecido.

Nós a levamos ao santuário e a alimentamos, mais uma vez nos sentindo muito gratos por termos um lugar para esse propósito.

O que aconteceu depois, entretanto, foi um grande aprendizado para mim, porque, basicamente, nosso excesso de bondade quase matou a cachorra. Demos a ela uma refeição enorme, e era comida demais. Na verdade, existe um problema médico que pode decorrer de empanturrar pessoas que não se alimentam direito há muito tempo. O corpo de um desnutrido não consegue lidar com a comida em demasia e, em consequência, pode até ficar mais doente do que antes.

Infelizmente, foi isso que fizemos, sem querer, com a Tina. Demos a seu pobre corpo faminto muita comida, e seu estômago começou a inchar feito um balão. Tive a esperança de que melhorasse por conta própria, mas ele continuou inchando e inflou até o ponto em que foi preciso submetê-la a uma operação de emergência no meio da noite. Um veterinário teve que fazer um furo especial com precisão meticulosa em seu estômago para liberar todos os gases. Dava até para ouvir o gás saindo como o ar de um balão.

Foi uma falha épica que nunca mais cometerei. Sinto muito, Tina.

Mesmo quando reduzimos sua ingestão de alimentos, o fato é que a Tina não estava acostumada a consumir uma comida boa e nutritiva e acabou tendo que passar de novo pelo mesmo procedimento de emergência. O inchaço foi controlado depois de umas duas ou três semanas, mas o episódio foi muito preocupante. Quando eu pensava que poderíamos aumentar as porções de comida dela, Tina inchava de novo. Para tentar ajudá-la, estávamos usando todos os tipos de medicamento, até remédios para bebês humanos. Chegamos a conversar sobre ir a um hospital especializado, mas felizmente conseguimos reverter a situação e, por fim, começamos a aumentar a quantidade de comida — bem devagar — e, conforme se sentia melhor e ganhava um pouco de peso, Tina foi tomando um novo alento. O pelo dela começou a voltar, e os olhos lindos e afetuosos começaram a reluzir.

Enquanto tudo isso acontecia, Tina dormia ao meu lado. (É, tá legal, admito que violei a regra e a levei para o apartamento comigo, porque criamos um vínculo muito intenso e porque ela precisava de cuidados em tempo integral.) Na verdade, ela dormia em cima de mim, enrodilhada na minha cabeça. Ela queria estar colada em mim o tempo todo! O amor emanou dela de imediato. Tina estava doente, esmorecida, e acho que nunca na vida tinha conhecido o amor, fosse de um tutor, fosse de qualquer outra pessoa. Então, ela aceitou o amor e os cuidados que lhe ofereci e se agarrou a eles. Imagino que, por temer que isso fosse tirado dela, Tina nunca saía da minha vista.

Ela fez um baita sucesso na internet, o que talvez não seja surpresa. Acho que é a carinha dela. De início, parecia muito grande e triste em proporção ao corpo macilento que era só pele e osso, mas, depois que ganhou peso e vida, ela se transformou num daqueles rostos adoráveis que todas as pessoas associam a um golden retriever: língua cor-de-rosa ofegante pendurada para fora, orelhas coçáveis caídas nas laterais de um rosto com grandes olhos pretos. Ela dobrou o peso para 25 quilos e é amada por todos.

Até hoje, porém, ela não se afasta mais do que 50 centímetros de mim. Ela é como um daqueles vídeos em que uma mamãe pata é acompanhada de uma fila de patinhos. Se vou ao banheiro, ela espera do lado de fora. Se saio para jogar o lixo fora, ela está 10 centímetros atrás de mim. Tina é inseparável e começou a crescer e se tornar uma linda golden retriever. Ela se senta na rede, aprendeu a nadar, fica plantada na frente do ventilador e adora perseguir suas bolas de tênis. É uma alegria estar perto dela. Tina é como o golden retriever grande e fofo que toda família amaria. Ela é uma cachorra clássica: grandalhona, meiga e bobona, e adora companhia.

Ver a alegria e a felicidade puras e genuínas no rosto da Tina, depois de ter estado presa naquela corrente e com tanta dor, me ensinou algo: você deve sempre olhar para a frente e nunca para trás. Olhando para trás, a vida dela foi horrenda, brutal, solitária e triste, mas agora ela tem tudo o que poderia querer na vida. Ela esqueceu o passado e ama cada momento do presente; está saudável e castrada e se tornou uma cadela maravilhosa.

Apesar de tudo, Tina ainda está se recuperando. Ainda não tenho um plano para seu lar definitivo, pois não quero sobrecarregar alguém com um cachorro que ainda está doente ou que pode acabar despendendo de muitos gastos. Quando chegar a hora, não acho que será difícil encontrar um novo tutor para ela. Já devo ter recebido umas quinhentas ofertas para dar a ela um lar permanente, de pessoas de todos os lugares dos Estados Unidos, da Europa e da Austrália. Às vezes, eu me pego pensando no futuro da Tina. O fundo do poço dela me fez refletir tanto sobre o período em que me vi num beco sem saída que agora acho que quero que ela tenha coisas boas e um novo começo, assim como eu tive.

Amo muito a Tina, porque a cada dia ela fica ainda mais forte, melhor e mais cheia de amor pelos outros. Quando saímos juntos para caminhar, enquanto Tina trota ao meu lado, ela é um lembrete de *mim mesmo*: somos duas criaturas orgulhosas que já estiveram em uma situação precária, no limite mais baixo que se pode atingir, mas que deram a volta por cima, se recuperaram do abismo e sabem da necessidade de saborear cada momento ao sol.

E, mais uma vez, Tina me fez lembrar da lição mais importante de todas: viver o momento presente.

A maioria das pessoas me manda mensagens pelo WhatsApp, pois sabe que sou ocupadíssimo e não tenho muito tempo para me comunicar por ligação. Então, quando uma colega apaixonada por cães, Jules, me ligou com a voz trêmula, eu soube que não era boa notícia. Quando o telefone toca, quase nunca é.

Ela tinha ido ao veterinário para um check-up de rotina com a Tina, mas houve algumas complicações. Jules estava enrolando...

— Desembucha de uma vez, Jules.

— A Tina tem insuficiência renal estágio 2 ou 3; ela só tem de três a seis meses de vida.

Fiquei com o coração na mão. Foi como se eu tivesse levado um soco no estômago de um boxeador peso-pesado. *A Tina não*, pensei. Logo agora que a cachorra estava virando a página e começando uma nova vida, tudo estava prestes a ser arrancado dela.

Precisamos ser resilientes com os cães em meio aos constantes percalços e pancadas, então corri para uma ducha, vesti roupas limpas e pensei comigo mesmo: *Certo, esse é meu dever agora. Botar um sorriso no rosto, obter todas as informações, elaborar um plano e fazer com que esses três a seis meses sejam os melhores de todos os tempos. Vamos tentar aumentar esse prazo, se for possível.* O Niall dos velhos tempos teria ido até a loja de conveniência para comprar uma garrafa de vinho e vinte cigarros e amaldiçoaria a própria sorte, mas agora o foco não sou eu. Tina precisava de mim.

Sinto uma conexão tão profunda com Tina porque vejo nela muito de mim. Assim como ela, passei a maior parte da vida com uma corrente no pescoço. O álcool e o vício me controlavam e me impediam de ser a pessoa que sou hoje, assim como a corrente física fazia com a Tina.

Muitas vezes, eu e ela caminhamos juntos pela selva e fazemos nossas pequenas tarefas diárias como as duas criaturinhas mais felizes do planeta. Quando você já esteve em um buraco tão fundo, chafurdou em lugares tão escuros e encarou de perto não só a morte como também uma existência sem sentido, as coisas simples são uma alegria.

Acho que sou como um cobertor de conforto e segurança para a Tina. Ela tem medo de me perder de vista porque acha que agora as coisas estão boas demais para ser verdade. Sinto o mesmo em relação à minha vida, e é por isso que eu e ela temos uma conexão tão profunda. Tina não precisa de muita coisa na vida. Ela ama sua comida, suas bolas de tênis e seu humano. Cães como a Tina me ensinaram a mesma coisa a respeito da minha vida. Se eu tiver meus chinelos, um pouco de sol nas costas e minha scooter carregada de comida e remédios para cães, sou a alma mais feliz do mundo.

Tina não ficará conosco por muito tempo. Farei de tudo para que o tempo que ainda tiver por aqui seja mais que especial. Tudo que a Tina quer é a única coisa que nunca teve na vida e que tem muito a dar: amor.

Tina é o exemplo clássico de um cão que vive o momento. Para ela, o ontem não importa. Na minha condição de humano, eu adoraria ter essa qualidade, para simplesmente esquecer o passado, mas também percebo que isso me moldou e me transformou na pessoa que sou hoje.

Todas as manhãs, me pergunto: *Se este fosse meu último dia na Terra, eu ficaria feliz com o que estou fazendo?* Depois que você esteve à beira da morte numa cama de hospital, essa pergunta é ainda mais pertinente. Agora eu pulo da cama antes mesmo de o alarme tocar, dou um rápido meneio da cabeça diante do espelho e digo que sim, porque sei que preciso ir ver o Snoop, a McMuffin, o Jumbo, a Tina e centenas de outros cães necessitados.

Se eu fosse atropelado por um ônibus amanhã, diria que caminhar pela selva com uma velha cadela vítima de maus-tratos chamada Tina era de longe o mais importante que eu poderia estar fazendo com a minha vida.

Não sei como tive a sorte de acabar na situação em que estou agora, cuidando de cães necessitados e contando com o apoio e o incentivo de pessoas do mundo todo. O que sei é que não vou desperdiçar essa oportunidade.

Assim como a Tina, recebi uma segunda chance na vida, e nenhum de nós pretende desperdiçar um segundo do nosso tempo neste planeta.

EPÍLOGO

Há um ditado popular sobre a vida começar aos quarenta. O que significa que a maturidade é mesmo algo bom. John Lennon até escreveu uma música com esse título, mas nunca a gravou, porque o astro dos Beatles foi morto a tiros dois meses após completar o marcante aniversário de quarenta anos.

Eu, porém, ainda era um desastre completo aos quarenta. Na idade em que todos ao meu redor pareciam ter resolvido as "Grandes Coisas" — carreira estável, família, segurança financeira —, eu estava a anos-luz disso. Muitos amigos da minha idade percorriam esse caminho de vida bem conhecido com alegria, mas eu estava perdido, num mato sem cachorro.

Para ser franco, eu era um verdadeiro fracasso, tendo passado 25 anos lidando com depressão, ansiedade e vício. Eu perdia semanas inteiras prostrado na cama, esgotado e com uma espécie de névoa mental. Arruinei relacionamentos, abandonei empregos, vaguei por diferentes partes do mundo. E isso tudo só serviu para que eu descobrisse que nunca poderia fugir do verdadeiro problema da minha vida — *eu mesmo*.

Perdi anos da vida cambaleando de uma farra caótica para a outra. Às seis da manhã, eu já estava sentado sozinho, bebendo e tomando remédios para anestesiar a dor, o cinzeiro transbordando de tantos cigarros. Tudo o que eu queria era escapar da minha mente, um pouco de normalidade; as quatro horas de alívio proporcionadas por um Valium ou um Xanax; uma dúzia de latinhas de cerveja para me esquecer da vida; vinho e uísque para entorpecer o vazio; um apagão causado pela bebida para passar por mais um dia. E pela ansiedade. Sempre a ansiedade paralisante e palpitante.

Apesar de tentar coisas como reuniões de apoio, remédios e terapia, precisei quase me matar de tanto beber na véspera de ano--novo de 2020 e passar três dias na UTI para enfim mudar tudo. Aquele episódio sombrio à beira da morte me fez perceber que eu queria viver. Mais do que isso, me fez perceber que eu queria viver uma vida que importasse de verdade. Jurei fazer com que meu tempo restante neste mundo de fato valesse a pena. Fazer a diferença.

A recuperação física e mental não aconteceu da noite para o dia; precisei de tempo e paciência. Conceber um plano grandioso também não aconteceu num piscar de olhos. Contudo, por fim, aos 42 anos, tive sorte e encontrei minha razão de existir.

Eu jamais teria imaginado que seria necessário um bando de cachorros de rua desconhecidos na Tailândia — indesejados, abandonados, desgrenhados, negligenciados — para me mostrar como aproveitar a vida ao máximo. O vigor, o entusiasmo, a alegria e a resiliência da cachorrada me surpreenderam. Ao testemunhar suas lutas brutais, a pura bravura e a tenacidade obstinada com que enfrentam uma vida de cão (trocadilho intencional), enfim aprendi o que parecia ser o verdadeiro significado da vida.

As pessoas que acompanham minhas histórias nas redes sociais me veem como alguém que "salva" os cães, mas na verdade é o contrário; foram eles que me salvaram.

Desde que fiquei sóbrio, descobri que nunca é tarde para uma segunda (ou terceira, quarta ou quinta...) chance na vida. Com trabalho árduo e determinação, os sonhos podem se tornar realidade, e sempre há motivos para ter esperança. Agarre-se a essa ideia com o máximo de força que puder.

Como afirmei, meu trabalho desperta emoções intensas, e nesse ramo você vê todo o ciclo se desenrolar e se repetir de maneira incessante. Embora nos últimos meses eu tenha ficado muito feliz ao ver cães como Rodney e Tina se tornarem independentes, meu amado cão Snoop está começando a mostrar os sinais da idade.

Snoop, minha sombra desde que entrou na minha vida, e muitas vezes a única coisa que conseguia me tirar da escuridão da depressão e do vício, provou ser a única criatura a quem sinto que posso dar meu amor por completo. (Fui um péssimo namorado, mas ainda sou amigo de todas as minhas ex, então espero não ser intrinsecamente uma pessoa má.) Foi o Snoop quem me ensinou a amar sem medo de rejeição. E a amar com todo o meu coração.

Quando você tem problemas de saúde mental, às vezes um cão exigente como a minha Britney (que Deus a abençoe) pode fazer você se sentir pior. Mais ansioso. Embora pular, brincar, latir e detonar o apartamento sejam, é óbvio, comportamentos caninos normais. No entanto, quando você está se sentindo tão estressado ou ansioso que o simples fato de alguém olhar para você do jeito errado pode fazê-lo entrar em parafuso, não é legal ter uma personalidade como a da Britney provocando.

Snoop, contudo, nunca exige nada de mim nem nunca exigiu; ele fica feliz só por estar comigo. Agora ele tem pelo menos uns doze anos (não posso ter certeza, pois ele era um cão de resgate quando o peguei em Dublin). Suas patas parecem estar enfraquecendo, e, embora há vários anos ele já tenha deixado de correr com o vigor e a energia da Britney, está sempre feliz em caminhar a passos lentos ao meu lado em passeios mais curtos. Snoop está sempre orgulhoso por andar comigo, seja nas ruas de Dublin, seja nas de Manchester ou nas da Tailândia, de cabeça erguida, levando a vida no ritmo dele.

Tendo sido uma presença tão estável e amorosa na minha vida por tanto tempo, a ideia de perdê-lo é quase impensável. Alguns dias são melhores que outros para o Snoop, mas, ao primeiro sinal de que suas patas estavam começando a dar problemas, decidi criar para ele o que gosto de chamar de "suíte VIP de aposentadoria".

Coloquei um tapete de borracha no chão, para o caso de ele precisar descansar onde quer que esteja, e dei a ele cobertores e brinquedos macios, como faço para os outros cães no santuário. Sei que Snoop já é um velhinho e não pode ficar comigo para sempre. Entretanto, tomarei todas as providências para assegurar que ele esteja feliz e confortável, com todas as comidas que adora, e assim ele saberá o quanto é amado e como sua vida, sendo o amigo discreto e leal que tem sido, de fato faz diferença. Estarei sempre ao seu lado, como ele sempre esteve ao meu nos altos e baixos, para o que desse e viesse.

Encontrar a felicidade genuína não foi fácil. Agora, contudo, sei qual é a coisa certa para mim: tentar salvar e tornar melhor a vida de milhares de cães, esquecendo tudo que tenha a ver com dinheiro, status e bens materiais e, em vez disso, colocar meu coração e minha alma no bem-estar desses animais. Pelo restante da vida. Eu não poderia ser mais grato por essa chance.

Levei quatro décadas para chegar aqui, então não se preocupe se você ainda não chegou lá, se ainda não descobriu qual é sua razão de viver. Se eu consegui encontrá-la, você também pode. Eu e todos os meus amigos de quatro patas muito especiais estaremos sempre torcendo por você. A cada passo vacilante do caminho. Espero que tenha gostado de ler nossa história e se lembre de perseverar até o fim, por mais difícil e conturbada que seja a jornada. Prometo que no fim há um arco-íris — e um ou dois rabos abanando — à espera.

PÓS-ESCRITO: O QUE VEM A PARTIR DE AGORA?

É impossível saber como terminar este livro, porque o trabalho nunca acaba. Amo o que faço e estou feliz em saber que dedicarei o restante da vida ao plano maior de ajudar mais e mais cães de rua a terem vidas melhores, mais saudáveis e mais felizes.

Conviver com eles me ensinou muitas lições sobre a vida. As duas mais importantes que aprendi durante essa jornada são: você não precisa de bens materiais para ser feliz; e você deve apenas tentar viver o momento.

Estou tão determinado a fazer minha missão ter êxito que recentemente até instalei no terreno alguns contêineres para tentar ajudar a acelerar o progresso. Sei que isso talvez me faça parecer o "tio obcecado dos cachorros", mas dividir o tempo entre meu pequeno apartamento — onde moro com Snoop, Jumbo e Britney —, o santuário e as ruas onde alimento os cachorros significa que desperdiço horas preciosas do dia me deslocando de um lugar para o outro.

Então, comprei dois contêineres baratos para garantir que todas as horas do meu dia sejam utilizadas com eficácia. Como você sem dúvida já percebeu, seja bebendo, seja me dedicando a coisas melhores, eu não faço as coisas pela metade, faço?

Um dos contêineres faz as vezes de um "centro de controle", onde ponho a mão na massa com tudo que é relacionado aos cães. Felizmente, há 4G disponível para reuniões via Zoom, e-mails e minhas postagens nas redes sociais, o que significa que posso trabalhar em coisas maiores ou me debruçar sobre uma planilha enquanto ainda tenho a Tina, a McMuffin ou o Snoop bem ao meu lado e posso ficar de olho nessa turminha da pesada.

Não quero ficar tão soterrado no aspecto comercial das coisas — que, eu sei, é crucial para todos os meus planos futuros — e passar menos tempo com os cães, que são o objetivo principal de tudo. Então, esse me pareceu um bom plano para administrar as duas coisas.

O outro contêiner é um lugar para meu descanso. É superbásico, mas esse é meu estilo hoje em dia. Sei o que é importante e o que não é. Há energia solar, água de poço, um banheiro com vaso sanitário e uma cama simples. Mesmo em uma missão ambiciosa como a minha, sei que, sem um tempo para descanso, vou acabar ficando esgotado e aí não serei útil para ninguém.

Não quero passar meus dias atolado, cuidando de vinte cães doentes; quero manter a mente focada no plano mais amplo: encontrar maneiras de melhorar a qualidade de vida dos cães de rua em todo o mundo.

Espero que você me ajude a espalhar o amor e continue me dando seu apoio incrível. Como sempre, prometo manter você informado a cada passo do caminho. E lembre-se: onde quer que esteja, onde quer que você viva, cuide dos cães. Passe um tempo conhecendo-os, e juro que você aprenderá algumas importantes lições de vida. Assim como eu aprendi.

PERGUNTAS QUE ME FAZEM O TEMPO TODO

[Nota: Espero que, quando você ler este livro, o número de cães que estejam passando por dificuldades tenha diminuído em níveis significativos, mas, no momento em que escrevo, os números são os mencionados a seguir.]

1. Posso adotar um dos cães que vejo nas suas redes sociais?

Sim. Até agora, já providenciei a mudança de mais de uma dezena de cães para novos lares. A maioria ficou na própria Tailândia, mas alguns foram para outros países. Há uma papelada administrativa e burocrática envolvida quando se deseja levar os cães para a Europa e para os Estados Unidos; tenha em mente que leva cerca de quatro meses para encontrar um lar para eles aqui. Estou organizando um programa de adoção para lares no exterior e espero estabelecer um sistema para fazer isso em grande escala. Um voo para os cães costuma custar cerca de 500 a 1.000 dólares.

2. Como posso começar a fazer algo parecido?

Muitas pessoas querem ajudar os animais ou fazer a diferença, mas não sabem por onde começar. Eu estava na mesma situação no início desta jornada.

Você não precisa começar já salvando cem cães. Comece por um ou dois.

Leia, acompanhe e observe o que eu e outras pessoas estamos fazendo. Há um ano, eu não sabia nada sobre esse trabalho. Todo mundo que faz o que faço está aprendendo à medida que avança, e você também aprenderá.

Não precisa ser um empreendimento do tipo tudo ou nada que você realiza em dez anos, depois de muito planejamento e de ter desistido da própria carreira profissional. Não há razão para que você não possa fazer um pouquinho amanhã mesmo.

3. Como você tem condições financeiras para fazer esse trabalho?

Tenho a sorte de dispor de economias da época em que trabalhava no mundo corporativo e tinha minha empresa. O custo de vida na Tailândia é muito baixo, tenho um apartamento modesto de dois quartos e não faço muita coisa além de cuidar dos cães. À medida que minha missão cresceu, as pessoas começaram a doar dinheiro para me ajudar a cobrir as despesas das idas ao veterinário e das cirurgias de castração, pois esses são os custos mais altos.

Tenho plena consciência de que, no longo prazo, para salvar milhares de cães, precisarei criar fluxos de receita adicionais para facilitar meu trabalho.

4. Posso ser voluntário?

Ainda não. No momento, não estou preparado para isso aqui na Tailândia. Eu adoraria ter ajuda e estou no processo de criar uma fundação de caridade. Quando essa instituição estiver pronta, terei um excelente programa de voluntariado. Posso indicar a você pessoas que ajudam cães e que precisam de voluntários.

5. Posso ir com você alimentar os cães?

No momento, faço tudo sozinho, desde a alimentação até a castração, as visitas ao veterinário, a criação de conteúdo on-line e tudo mais. Tenho tão poucas horas disponíveis no dia que vivo em cima da scooter, sempre disparando de um lado para o outro. À medida que eu for organizando uma estrutura melhor, haverá maneiras de vir me visitar e ver comigo os cães em um lugar central, mas no momento meus dias são corridos demais.

6. Como posso ajudar agora?

Não gosto de fazer alarde sobre doações nem de postar imagens tristes sempre, pois sinto que já existe sofrimento demais por aí.

Tento levar felicidade às redes sociais, mesmo que as histórias nem sempre sejam perfeitas, porque (assim espero) elas podem mostrar o lado positivo do mundo. Existem duas maneiras simples que são superpoderosas e que ajudarão diretamente a salvar cães:
- Espalhe a palavra. Basta divulgar minha conta no Instagram ou no TikTok para outros apaixonados por cães.
- Você pode fazer doações em: https://www.happydoggo.com/

7. Você já foi mordido ou atacado?

Nada muito grave. O truque até agora tem sido me afastar ou ir embora quando tenho um mau pressentimento. Lógico que isso está fadado a acontecer de novo agora, depois de eu dizer que até aqui nunca sofri ataques, mas continuarei tendo cuidado!

8. É difícil deixar os cães irem embora?

Não, de jeito nenhum. Na verdade, na minha opinião, ver os cães serem adotados é como ganhar na loteria — eu não poderia ficar mais feliz. Minha missão é curá-los e, se estiverem saudáveis, deixá-los ir embora. No caso dos cães que chegam aos meus cuidados como casos extremos, pode ser difícil vê-los pelejando para sobreviver, mas, no fim das contas, sei que estou dando a eles uma boa qualidade de vida, um lugar onde estão em segurança e onde são amados e bem cuidados.

AGRADECIMENTOS

Existem muitas pessoas que colaboram comigo todos os dias por aqui. Rod e Jewells, que estão sempre comigo nos resgates. Valeria, Sybille e Jules, que ajudam a curar os cães. A lista é infinita, pois todos os dias preciso convocar alguém e pedir que ofereça de graça seu tempo, ou transporte um cachorro a algum lugar, ou resolva comigo o problema canino do dia. São heróis anônimos que não buscam glória, dinheiro nem nada em troca. Eles fazem isso pelos cães.

Sean e Richard, agradeço pelos conselhos diários e contínuos, e um grande agradecimento também aos veterinários, às clínicas e as outras fundações caninas com as quais trabalho. Eu não conseguiria fazer isso sem vocês.

Por fim, um grande obrigado a Susanna Galton e à equipe da HarperCollins.

1ª edição	MARÇO DE 2025
impressão	BARTIRA
papel de miolo	IVORY BULK 65 G/M²
papel de capa	CARTÃO SUPREMO ALTA ALVURA 250 G/M²
tipografia	DANTE MT STD